平凡社新書
947

ヤン・フスの宗教改革

中世の終わりと近代の始まり

佐藤優
SATŌ MASARU

HEIBONSHA

ヤン・フスの宗教改革●目次

序章　いま「宗教改革」を知ること

なぜ、いま、「宗教改革」を取り上げる必要があるのでしょうか。15～16世紀の遠い昔にヨーロッパで起きたキリスト教の改革を、21世紀の東アジアで生きる日本人が知らなければいけないのでしょうか。

それは、宗教改革には時代のハイブリッド性があるからです。宗教改革は中世の現象とも近代の現象とも言うことができるからです。

どういうことか。1960年生まれの私が高校生時代に勉強したときは、宗教改革は近世（初期近代）の出来事として扱われていました。いまは、1648年のウェストファリア条約を区分として中世と近代を分けます。ウェストファリア条約とは、プロテスタント、カトリックの争いに各国が相乗りする形で行われた三十年戦争を終結させた条約です。この条約締結には、神聖ローマ帝国内の各領邦国家もひとつの国として参加し、内政権と外交権を有する主権国家として認められ、結果、覇権を握っていたハプスブルク帝国は衰退しました。

このウェストファリア条約こそが、カトリックとプロテスタントの対立に終止符を打ち、主権国家により構成されるヨーロッパという世界秩序をつくり上げた、まさに中世と近代を画する分節点となったのです。

ただし、この時点では「国民」「民族」と訳される近代的なネイションン（nation）は生まれていません。近代的なネイションは１７８９年のフランス革命によって誕生します。ナポレオンに征服された国々では、国民（nation）と国家（state）が一体となり、民族意識や国民意識の覚醒を訴えるナショナリズムが発揚《はつよう》し、第一次世界大戦の背景となりました。この流れのおおもとにあるのが、ウェストファリア条約であり、カトリックとプロテスタントの争い、宗教改革なのです。

日本では近世というと江戸時代を想像しますが、ヨーロッパ史における近世は「初期近代」、すなわち近代へと導く前史でありながら、近代とは異なる固有の歴史空間を指します。我々がいま生きる時代はポストモダン、つまり近代の終焉《しゅうえん》期にあり、新しい歴史のフェイズにかかろうとしています。グローバリゼーションが進み、資本主義を含む近代的なシステムの秩序が通じなくなりつつある歴史空間に生きているのです。しかも、２０２０年になってから猛威を振るっている新型コロナウイルス禍により、世界が大きく変容しようとしています。

だからこそ、中世と近代の両方にかかっている宗教改革とは何だったか、当時のヨーロッパの秩序を壊して近代という新しい世界をつくった宗教改革の構造を知ることで、いまの混迷する時代への視座を身に付けることができるのです。

最初に、私は宗教改革を、「15〜16世紀」に起きたと述べました。通常、宗教改革と聞くと、ドイツのマルティン・ルター（1483-1546）を思い浮かべると思います。「1517年にルターがウィッテンベルク教会に95カ条の提題《テーゼ》を自らの手で張り付けたことがきっかけで宗教改革が始まった」と。少し詳しい人なら、ジャン・カルヴァン（1509-64）の宗教改革を挙げるかもしれません。これらは、いずれも16世紀の出来事です。

実は、ボヘミア（チェコ）でルター、カルヴァンに先んじて、15世紀に宗教改革の大運動が起きているのです。それがヤン・フス（1369-1415）とフスを支持する人々「フス派」によって起きた宗教改革です。

ちなみに、「ルターがウィッテンベルク教会に95カ条の提題を自らの手で張り付けた」というのは、現在の実証研究では疑問が呈されています。なぜかと言うと、ルターはラテン語で95カ条の提題を書いているからです。当時の一般民衆はラテン語を読めないので、教会に張り付けたところで、一般民衆は読むことができません。もっとも、ラテン語を読める人に論争を告知するためにこの文書が張り付けられたという説もあります。確実だと言えることは、ルターは贖宥状《しょくゆうじょう》の販売を始めたマインツ大司教アルブレヒト・フォン・ブランデンブルクに、「95カ条の提題」をラテン語で送り、同業の神学者たちにも送った、ということだけです。ルターに共鳴していたフィリップ・メランヒトン（1497－1560）が、ルターの死後に、教会に張り付けたというようなことを書き記したため、広く流布してしまいましたが、もともとルターは「長いものには巻かれろ」という人で、世俗権力に抗うタイプではありません（1524年に起きたドイツ農民戦争では、諸侯の側につき、抵抗する農民の殺害を進言したほどです）。「95カ条の提題」をラテン語で書いたルターの意図は、専門家に問題提起して神学論争をすることであり、広く民衆を巻き込んだ改革運動を考えていたのではないと言えるでしょう。

私は、ルターでもカルヴァンでもなく、ヤン・フスとフス派の宗教改革が、近代への扉を開いたと考えています。ヤン・フスとフス派の宗教改革を契機に、社会と教会が一体化し、宗教（キリスト教）が中心にあった時代から、民族、国家が主権を持つナショナリズムの時代へ、近世から近代へと移り変わったのだ、と。

しかし、残念ながら、これまで日本語には、ヤン・フスとフス派の宗教改革を知るためのよい専門書がありませんでした。

ドイツ中世史を専門とする山中謙二氏が『フシーテン運動の研究』（至文堂）という本を1948年に出しています。「フシーテン」とは、ドイツ語で、「フス派」という意味です。優れた歴史書ですが、神学プロパーの人が書いた本ではないので、フス派の人々の内在論理はわかりません。そこで、私は、数年の時間をかけ、まず2014年に、ヤン・フスの宗教改革に現代の病理ナショナリズムの源泉をさぐった『宗教改革の物語――近代、民族、国家の起源』（角川書店。2019年に角川ソフィア文庫）を出しました。そして、ルターの宗教改革から500年にあたる20

17年に、私の監訳という形で、チェコの傑出したプロテスタント神学者ヨゼフ・ルクル・フロマートカ（1889－1969）が編著者となった論文集『宗教改革から明日へ——近代・民族の誕生とプロテスタンティズム』（平凡社）を出しました。2017年は、新書から専門書まで、宗教改革を扱った本が出ましたが、ボヘミアの宗教改革をテーマにした本は、この本だけです。

『宗教改革から明日へ』は、1956年に社会主義体制下のチェコスロヴァキアで刊行されました。同じ年には、ソ連共産党の第20回大会が開催され、フルシチョフがスターリンの批判演説を行っています。この演説は東欧の自由化運動を刺激し、ポーランドとハンガリーで反ソ暴動が起き、ソ連が軍事力で弾圧する事態を引き起こしました。当然ながら、チェコスロヴァキアにも影響があり、フルシチョフのスターリン批判があったからこそ、フロマートカは無神論を国是とする国で、キリスト教の神学書を出すことができたのです。無神論の国に生き、教会に対する圧力が加えられている時代に一キリスト教徒として為すべきことは何か。動乱の時代だからこそ、いま置かれている状況を認識して、個人としても集団としても、為すべき使命を適切に自覚することが求められている――そう考えたフロマートカが取り組んだのが、先祖から受け継いだ歴史的な遺産、フスの宗教改革の回復だったのです。明確な共産主義の批判は避けていますが、文脈から、フロマートカの切迫した問題意識が感じ取られます。

本書では、第一章で、ヤン・フスとフス派の宗教改革運動を題材に近代とはどんな時代であったのかを見ていきます。

第二章は、特に「終末」に焦点を絞り、フス改革の神学的背景を見ていきます。同時に、キリスト教神学の基礎的な知識にも触れていきます。

第三章では、近代のチェコの歩みを振り返り、近代の終焉に我々が直面している課題を明らかにします。

第四章では、フロマートカの『宗教改革から明日へ』をテキストに、キリスト教神学の立場から、フスとフス派の宗教改革の内在論理を追い、21世紀に生きる日本人の我々が受け継ぐべき遺産を明らかにします。

　また、本書では、「漆《うるし》塗り方式」で説明をしていきます。複雑な事項を一遍に詰め込んでしまうのではなく、漆塗りのように、何度も同じ事柄に立ち返ります。しかし、単純な反復ではなく、少しずつ密度が濃くなっていきます。これによって、情報が「重ね塗り」の要領で積み上げられて分厚くなり、同時に周辺知識とのリンクも貼られることになります。

第一章　チェコの宗教改革者ヤン・フス

中世哲学の影響

ヤン・フスとはどんな人物だったのでしょう。『世界大百科事典』(平凡社)のフスの項目を見てみましょう。

フス　Jan Hus　1370ころ-1415

ボヘミアの宗教改革者。南ボヘミアのフシネツ村に貧農の子として生まれる。プラハ大学で神学を修め、1398年に同大教授に就任する。このころイギリスの**ウィクリフ**の改革思想に強く共鳴し、**救霊預定説**《きゅうれいよてい》**を唱え、聖職者、教会の土地所有、世俗化を厳しく非難した。**1402年にはプラハのベツレヘム礼拝堂の主任司祭兼説教師に任命され、**チェコ語による彼の説教は、民衆の心を巧みにつかんだ。彼は同時に聖書のチェコ語訳を行い、**チェコ語の正字法も手がける

(後略、強調引用者)

イギリスのオックスフォード大学にジョン・ウィクリフ（１３３１－８４）という神学者がいました。ウィクリフは聖書のみが唯一の信仰の典拠であり、教皇の権威は聖書に基づくものではないと、当時の教義にあった教皇の権威を否定しました。彼の考えがボヘミアに渡り、フスに影響を与えます。15世紀のチェコの文献には「フス派」という言葉はなく、ウィクリフの影響を受けた人たちということで、「ウィクリフテン（ウィクリフ主義者）」と呼ばれていました。

なぜ、イギリスのオックスフォード大学で教えられていたことが、チェコのプラハ大学に影響を与えたのかを知るためには、中世の哲学の流れをおさえておく必要があります。

中世では、当初、リアリズムの考えが主流でした。現在、リアリズムは「現実主義」「現実論」と訳しますが、中世の哲学においては「実念論」という訳語を使います（もっとも最近では、中世哲学専門家は実念論という用語を避ける傾向があります。しかし、本書は一般書なので細かい議論には立ち入らないことにします）。実念論の考え方では、たとえば「果物」とは、まず、果物という種類の普遍的な概念があって、梨やイチゴや栗といった個物の存在はその中にあるというふうに考えます。

それに対してノミナリズムという考えがあります。これは「唯名論《ゆいめい》」と訳されます。リンゴはあくまでリンゴ、イチゴはあくまでイチゴ、栗はあくまでも栗と、まず個別に存在するものであって、「果物」は総称として後から便宜的に付けた名称にすぎない、という考え方です（実念論と唯名論について詳しく知りたい人は、哲学者の山内志朗氏が平凡社ライブラリーから出している『普遍論争』を読んでください）。

ノミナリズムは目の前にある個物、「目に見えるもの」を問題にすればよいという考え方なので、近代的な唯物論につながっていきます。我々のものの見方、考え方というのは、基本的には、ノミナリズムの延長線上にあるわけです。

しかし、ノミナリズムでは説明できないものもあります。たとえば、愛情というのは何でしょう？　具体的な個物の存在で表せますか？　信頼というのは何でしょう？　図面に描いたり、写真で示せたりできますか？　できないでしょう。だけど、「ない」とは言い切れない。「目に見えないもの」だけど、「ある」――リアリズムは、我々の中で、いまも生きているのです。

ヨーロッパのほとんどの大学はリアリズムからノミナリズムに変わりましたが、オックスフォード大学とカレル（プラハ）大学はリアリズムに留まりました。場所は離れていても考え方の枠組みが同じなので――パソコンにたとえるなら、オックスフォード大学とカレル大学はMac、他の大学はWindowsを使っているようなものなので、オックスフォード大学とカレル大学は親しい関係にあり、14世紀のウィクリフの運動が、15世紀のプラハに伝わって受け入れられたわけです。

ローマ教皇が3人いた時代

さて、ウィクリフの影響を受けたフスは「救霊預定説を唱え」ます。これは、人が救われるかどうかは、人の善行や悪行によって左右されるものではなく、ずっと以前より神によって予定されている、というものです。後にカルヴァンがこれを発展させて「二重予定説」を主張します。二重予定説とは、生まれる前に救われる人と滅びる人があらかじめ決まっているという考え方です。

そしてフスは「聖職者、教会の土地所有、世俗化を厳しく非難」します。当時、教皇庁はアヴィニヨンとローマの二ヵ所にあって、ローマ教皇がふたりいる——実際には、このふたりのローマ教皇を退位させ、新しい教皇によって教会の統一を試みるものの失敗してしまい3人いたのですが——という異常事態でした。いちばん力のあるのはヨハネス23世という教皇（20世紀にカトリック教会の改革を進めた教皇ヨハネス23世とは別人物）で、現代のカトリック教会史では扱われない人ですが、シチリアの元海賊で、蓄財をして教皇のポストを買ったというとんでもない男でした。愛人もたくさんいた。教皇がこんな調子なので、枢機卿《すうききょう》といった教会の幹部たちも財産を溜め込んで愛人がいて、という状況でした。

こんな教皇がイエス・キリストの代理人として天国の鍵を持っているとは信じられないと考えたフスは、ローマ教皇を頂点としたヒエラルキーがある現実の教会、すなわち目に見える教会には、本当のキリスト教徒と悪魔の手先が混在しており、ローマ教皇と枢機卿も悪魔の手先である可能性は排除されていない、現実の目に見える教会と目に見えない教会は違うのだ、ということを言い始めます。フスが目に見える現実の教会に囚われなかったのは、具体・個別性を主張するノミナリズムではなく、目に見えない、人間に捉えることができないリアルというリアリズムの考え方であったからこそです。

チェコ語の説教と聖書

「チェコ語による彼の説教は、民衆の心を巧みにつかんだ」とあるように、フスはチェコ語での説教を行います。

ルターの「95カ条の提題」のところでも述べましたが、当時の教会ではラテン語が使われていました。ミサは、ラテン語で、昔から伝わっているお経みたいなものを数分唱えるだけ。

いま、キリスト教と聞くと、カトリック教会では神父が、プロテスタント教会では牧師が、神様のことについて信者にわかるように説教をすると思っている人が多いでしょう。しかし、カトリック教会は、第二次世界大戦後の第二バチカン公会議の決定まで、ラテン語で古《いにしえ》からの形式に従ったミサを行っていました。当然、戦前の日本のカトリック教会でも、状況は同じです。なぜかと言うと、キリスト教が国教に定められたローマ帝国では、一般市民がラテン語を使用していたので、その伝統を守り、教会でもラテン語が使われていたのです。しかし、すでにフスの時代には、民衆の話し言葉は各国語に替わっていました。ラテン語は、聖職者しか理解できない言語になっていたのです。それですから、ラテン語で説教をしても、当然、一般の信徒には何が話されているのかまったくわかりません。そこで、フスは、1391年5月、チェコ語で説教するための礼拝堂「ベツレヘム礼拝堂」をプラハにつくります（現存し、チェコの国立文化遺産に指定されています）。礼拝堂の設立文書には、「神の言葉が制限されないように、この業《わざ》が他と比べて最も自由であり、教会およびその手足にとって最も役立てられるように」と記されています。

ルターは、1522年にドイツ語訳新約聖書をつくりました。すでに、グーテンベルクが考案した活版技術があったおかげで（1440年頃には完成したと考えられています）ルターの新約聖書は広まりましたが、もしフスの時代にこの技術があれば、全ヨーロッパにフスの思想が衝撃を与えたことでしょう。

チェコ語による説教をしたフスは「聖書のチェコ語訳を行い、チェコ語の正字法も手がけ」ます。

この箇所を理解するには、カトリック教会とプロテスタント教会の聖書の読み方の違いをおさえておかねばなりません。

カトリック教会は、聖書に適した聖なる言語を定めていました。ヘブライ語、ギリシア語、ラテン語、教会スラヴ語です。この四言語以外で聖書を書いてはいけないとされていたのです。

また、カトリック教会では、（現在でも）一般信者が勝手に聖書を読むことを勧めません。教会の伝統の中で聖書は成立し、また読まれてきたものであるから、神父に正しい指導をしてもらいながら読むべきだと考えるからです。たとえば旧約聖書を読むと、神が「ペリシテ人は皆殺しにしろ」と言っているのに、新約聖書ではイエス・キリストが「敵を愛し、迫害する者のために祈れ」と言っている。旧約聖書はソロモンが妻700人を持っていたり一夫多妻制なのに、新約聖書では「奉仕者は一人の妻の夫であり」（「テモテへの手紙　一」）と記されている。旧約聖書と新約聖書を読むと、一体何が神のメッセージなのか混乱してしまう——だから、神父の正しい指導で読まないといけないというのが、カトリック教会の伝統です。正教会も同じ立場です。日本ハリストス正教会は、いまも旧約聖書を日本語に訳しておらず、新約聖書を訳した「我主《わがしゅ》イイススハリストスの新約」という聖書しかありません。このように、カトリック教会や正教会では、聖書とは、伝統の中で読まれるべきものなのです。

一方、プロテスタント教会では、カトリック教会が伝統の中で聖書を読むのに対し、「聖書のみ」を掲げます。伝統は人間によってつくられたもので、その根拠を神に求めることはできない、聖書のみを信ずるという立場です。

ここまで私は「カトリック教会」と述べましたが、ウィクリフやフスの時代は、当然このような名称も区分もありません。強いて言えば、東方教会から区別された西方教会という言い方です。「フスの時代の西方教会」と述べるのも煩雑なので、これ以降も「カトリック教会」という名称を使いますが、フスの時代には、ただ既存の教会があっただけであるということを、注意しておいてください。

さて、いまある既存の教会がおかしいのではないかという問題意識から、ウィクリフもフスもスタートしました。ウィクリフは、聖なる四言語の聖書では、聖職者でない一般民衆は読めないからと、聖書の英訳作業に着手します。完成前にウィクリフは亡くなってしまい、弟子たちが遂行するのですが、このウィクリフの考え方にフスは共鳴し、聖書のチェコ語訳を行ったのです。

主役は民衆

聖書のチェコ語訳以外に、フスの主張で、もうひとつ重要なことがあります。それは、聖餐《せいさん》の扱いです。

聖餐は、教会で、パンをイエスの体、ぶどう酒を血として、信徒で分けることを指します。皆さんさんは、ダ・ヴィンチが描いた、「最後の晩餐《ばんさん》」をご存じでしょう。イエス・キリストが、死刑となる前夜に12人の弟子と最後にした食事を描いたもので、この席上で、イエスが「これは私の体である」とパンをちぎり、「これは私の血である」とぶどう酒の入った杯《さかずき》を弟子に回したことに由来します。

聖餐は、神の恩恵にあずかるための教会の儀式として、現代のカトリック教会でもプロテスタント教会でも、重要なものです。しかし、フスの時代の教会では、ぶどう酒を信徒に飲ませていませんでした。

カトリック教会は、ぶどう酒の実体がキリストの血になり、パンの実体がほんもののキリストの肉になる「実体変質説」を主張します。だからもし、信者がキリストの血を床にこぼしてしまったら、神聖冒瀆《ぼうとく》になってしまいます。飲み残しも許されません。それだから、カトリック教会では神父のみがぶどう酒を飲み、信徒にはパンだけを与える聖餐式が一般化していきました。この「パンのみ」の聖餐を、神学用語では、一種陪餐《ばいさん》と言います。最近は、まれにパンとぶどう酒の聖餐をするカトリック教会もありますが、主流は一種陪餐です（ちなみに、パンと言っても、パン屋で売っているようなパンではなく、「ホスチア」と呼ばれる、ウエハースのように平べったい種なしパンを使います）。

これに対し、ロシア正教会とアングリカン教会（聖公会。イングランド国教会と、その伝統・教義を重んじる教会の総称）の聖餐式では、パンを分け、大きな杯にぶどう酒を入れてみんなで回し飲みをします。信者があまり飲まずにぶどう酒が残ってしまうと、神父が一気飲みします。逆に言うと、アルコールを一切受け付けない体では、神父になる素質がないわけです。

プロテスタント教会では、パンを分け、ぶどう酒を小さい杯に分けて、ひとりひとりが飲みます。これは、19世紀のアメリカで、回し飲みでは梅毒がうつってしまうのではないかという懸念が出たことに由来します。パンとぶどう酒で行う聖餐を、両種陪餐と言います。プロテスタントの中でも、ルター派は「一部分はパンからキリストの肉体に変わるけど、残りの部分はパンである」「一部分はぶどう酒からキリストの血に変わるけど、他の部分はぶどう酒のままである」という混有説を取ります。また、聖餐は洗礼を受けた信者以外にも開かれているのかどうかという点で、教義的な立場が分かれてくるのですが、本書では、細かい神学的な議論はこれ以上追いません。

フスは、聖餐において一般信徒にぶどう酒を飲ませない教会に対し、ぶどう酒を信者にも与えるべきだ、なぜならイエス・キリストはぶどう酒もパンも分けたし、人を差別しなかったじゃないかと異議申し立てをしました。聖餐においては、金持ちも貧乏人も関係なく、教会に集まる者は皆、同じパンを割いて食べ、同じ杯からぶどう酒を飲むべきだ、と。

このフスの徹底した平等主義は、聖餐以外でも、主張されます。イエスは貧しい人と共にあり、病気の人と共にあり、苦しんでいる人と共にあったのに、プラハの城の横には大聖堂があって、聖職者はみんな富裕層でインテリであることを誇らしげにし、教会は金持ちと貧乏人の席に分かれている、これはキリスト教の仮面をかぶりながら、キリスト教から離反している。だからイエス・キリストの原点に立ち戻って、民衆と共に進まないといけない、と。

現代においてはもっともな主張に思えますが、当時においては、革命的な考え方でした。と言うのも、原罪を持つ人間が生きているこの世の中においては、差別があって疾病があって戦争があって……というように、悪ければ悪いほど、人間の自然な状態であると考えられていたからです。この枠組みで考えると、救いは現世にはなく、死後、天国に行くことでもたらされることになります。

ボヘミアの宗教改革の中心には、常に民衆がいます。当時の教会は、疎外（貨幣、制度など、人間がつくったものが逆に人間を支配する力として現れること）された状態であることを、フスは厳しく批判したのです。ちなみに、ルターの宗教改革は、支配者層である諸侯間で国教会制度を生み出すという、言わば上からの改革であり、カルヴァンの宗教改革は、政治経済の特権を有した市民層が中心でした。フスが主張した平等や自由、そして聖書のチェコ語訳に見られる世俗語の優位性という徹底した意識は、近代を先取りしています。

「民族」の種を蒔《ま》く

フス自身は、12歳で大学に入り（当時、神学部では9年かけて一般教養を終え、15年間専門の勉強をしていたので、珍しいことではありません）、優秀な成績で終え、プラハ大学の総長を務めた人物ですが、学問に究極的な意味を認めていませんでした。

学問によって神に近づこうとする知識人のアプローチは、裏返せば、学問的な方法を取らないと神を信じられなくなっていることの表れだからです。農民は純粋に神を信じている。その農民と同じ信仰を持てないから知識を必要としているだけで、学識があるからと言って大きな価値を持っているわけではない。そう考えたフスは、神学を、同じ聖職者に向かって営むのではなく、民衆の心に触れるような説教を世俗語で行うことにエネルギーを向けたわけです。

こうした中、教会も重い腰を上げ、改革を行うことになりました。それが、1414年から18年にかけて、ドイツのコンスタンツで行われたコンスタンツ公会議です。この会議で、教会はようやく3人いた教皇を辞めさせて新しくひとりの教皇を立てる、聖職者の乱れた生活を改める、といった決定を行いました。そして同時に、再び教会が混乱しないよう、教会を分裂させる可能性がある運動を取り締まろうと考えました。つまり、教皇と教会の権威を否定する、ウィクリフとフスの運動です。すでにウィクリフは1384年に亡くなっていたので、教会は、フスを公会議に召喚することにしました。

『世界大百科事典』の記述を見てみましょう。

> 14年、フスはコンスタンツ公会議に召喚されたが、神聖ローマ皇帝ジギスムントの発行した通行許可証を携行していたにもかかわらず逮捕され、法廷に立たされた。彼は自説の撤回を拒否したために異端の罪を受け、翌年7月焚刑に処せられ、その灰はライン川にまかれた。**公会議の処置に激怒したフス派教徒が、やがて皇帝、教会を敵に反乱を起こす（フス派戦争）**。フスはのちにチェコ人の民族的英雄、守護神的な存在になり、とくに**19世紀のオーストリアに対する民族運動の時代にはチェコ人の精神的支柱となった。**（強調引用者）

この通行許可証を、「安導券（セーフ・コンダクト）」と言います。現代でも、「安導券」は使われており、たとえ交戦国の国民であっても、身の安全を脅かされることなく通行できることが保証されているものです。もし誤って攻撃をしてしまったとしたら、戦時中であっても謝罪しなければならないし、賠償しなければいけないという、極めて強い力を持つ通行手形です。しかし、この安導券が発行されたにも拘わらず、フスは逮捕されてしまいました。教会の言い分は、約束はしたけれども約束は守るとは約束していないというものでした。

フスは、公判で、教会に対し、「聖書に照らして自分が間違えていることが証明されるならば喜んで認める」と答えます。しかし、このような答えは、教会にはまったく響きません。これまで説明したように、カトリック教会では、教会の伝統の中で聖書を読むべきであるからです。それだから教会の伝統に反する聖書の読み方をしているフスは、異端であると認定され、神聖ローマ皇帝ジギスムントは火刑を宣告します。これに対しても、フスは「自分の望みは聖書に従って裁かれることだ」と答え、結果として刑が執行されます。フスは火あぶりの中、「真理は必ず勝利する」と叫んだと伝えられています。この公会議では、ウィクリフも異端と認定され、遺体が掘り起こされ、燃やされて川に流される事態になりました。

社会と教会が一体化した中世において、フスは聖書に立ち戻ることで教会の権威を否定し、ボヘミア共通の言語であるチェコ語を用いた聖書をつくることで、神聖ローマ帝国に「民族」として対抗する種を蒔いたのです。

平等主義、共産主義の「ターボル派」

フスの死後、フスを支持していた人々「フス派」は、ふたつに分かれます。ひとつはターボル派という武闘派です。貧しい市民と農民が中心となっており、南ボヘミアのベニヒェ近郊にあるターボル山に要塞をつくり、共産主義的な秩序によって、神聖ローマ帝国に軍事抵抗を行いました。中心人物は、軍事活動を担当した傭兵ヤン・ジシュカと、プラハ市内での政治活動を担当した修道士ヤン・ジェリフスキーでした。

ターボル山は、旧約聖書の「士師記《ししき》」に出てくるナザレ近くのタボル山に由来します。ガリラヤ湖のそばにある丸いお椀のような形をした山で、イエス・キリストが登ったら神が光り輝く姿で降りてきたという伝説があります。私はチェコのターボル山にも、イスラエルのタボル山にも行ったことがありますが、チェコのターボル山は、南北朝の動乱期に後醍醐天皇が逃げた奈良の吉野に雰囲気が似ています。

時の権力に追われた集団が山に逃げて独自のコミューンをつくるというのは、古今東西、共通した現象なのだと感じました。

ターボル派の特徴は「愛の宴」、神と共に仲間と美味しいものを食べることでした。これは、いまで言うバーベキューのこと。神様は煙を食べることで、宴に参加しています。獣《けもの》を丸焼きにして神に捧げる犠牲のことを「ホロコースト」と言います。ナチスによるユダヤ人大虐殺のことを「ホロコースト」とも呼ぶのは、ガス室で殺されて焼かれた人たちは、神に捧げられたものだというイメージが、キリスト教文化圏にあるからです。ターボル派は階級にこだわらず、同じご馳走をみんなで食べて、団結心を高めたのです。

ターボル派は、次のことを主張しました。

・1420年の内にこの世の終わりが来ること

この世の終わりが近づいていて新しい時代が始まる——キリスト教用語では「終末」と言いますが、この切迫感が、ターボル派の運動の原動力にあります。だからいま行動しないと世の中がさらに大変なことになる、というわけです。しかし、このように終末の年号を指定すると、その年までに世の終わりが来ない場合、運動は瓦解《がかい》します。

ターボル派は次のことも主張しました。

- 支配者に対抗するには残酷な暴力も認められること
- 貧困者に対する略奪を止めさせること
- 王の選出や選挙を止めること
- 教育を止めさせること
- 聖書の文字も終わらせること

究極の平等主義、共産主義です。要するに、貧しい者と共にあるために、貧困者からの略奪を止め、権力を集中させる王の選出も選挙も止め、共同で統一する。教育は、教育を受けた者と受けていない者の間に差別を生じさせるから止め、従って文字もなくす、という主張です。確かに、教育は、教育を受けた者と受けない者の間に格差を生み出します。しかし、文字をなくし、教育をなくすと、記録も残らず次世代に継承することが難しくなるので、必然的に運動そのものもなくなってしまいます。ターボル派の論理では、1420年に世の終わりが来るので、別に継承されるかどうかは心配しなくていい、ということだったのでしょう。本当に信じていないと、ここまで究極の平等主義は出てきません。その意味において、ほんものの運動だったということです。

このターボル派のことを、エンゲルスが「原始キリスト教の歴史について」(「マルクス・エンゲルス選集」12巻、新潮社)という論文で、「ターボル派が共産主義原型である」と1行触れています。共産主義政権下のチェコスロヴァキアで、フロマートカがチェコ宗教改革をテーマにした本を出すことができた背景には、この、エンゲルスによるターボル派の評価もありました。

フス派戦争勃発

フス派のもうひとつは、ウトラキストという穏健派です。ウトラキストは「2種類の人たち」という意味で、両種陪餐論者を指します。パンとぶどう酒の両方で聖餐が行われることが認められるのであれば、ローマ教皇を認めるし、カトリック教会と袂《たもと》を分かたなくてもよいと主張する人たちで、ターボル派と対照的に、プラハ市内の旧市街に住む貴族や大学の教授といった社会の上層部で構成されていました。貴族たちが、社会の下層にいた貧しい市民や農民が中心であったターボル派と共闘したのは、利害関係が一致していたこともありました。貴族は教会の財産を剥奪し権力を奪いたい、内政干渉を強めていたジギスムント皇帝を牽制《けんせい》したい、と考えていたのです。

このターボル派とウトラキストが共闘し、フス派戦争が勃発します。直接のきっかけは、フスの火刑ではなく、1419年7月にターボル派のジェリフスキーが起こした「プラハ窓外放擲《そうがいほうてき》事件」（カトリック派の議員を市役所の窓から放り投げて殺害）

でした。これで、くすぶっていた不満に火が点いたのです。対するジギスムント皇帝はローマ教皇とタッグを組み十字軍を結成、ボヘミアに度々侵攻するもジシュカ率いるターボル派に撃退され、１４３３年、ついにパンとぶどう酒による両種陪餐を認めることになりました。しかし、これで妥結しようとしたウトラキストと、あくまで平等主義を掲げるターボル派の間で争いが起こり、結果、ウトラキストはカトリックと手を握り、34年にターボル派を滅ぼし、36年にフス派戦争は終結します。

結局、その後、ウトラキストも追いやられ、フス派の主張はルター派や改革派に形を変えて16世紀に甦《よみがえ》るのですが、このような歴史があるため、未だに、チェコのプロテスタント教会では、キリスト教のシンボルと見られている十字架を掲げません。チェコのプロテスタント教会にとっては、十字軍による侵略のシンボルだからです。代わりに、カトリック教会への抵抗を象徴する聖餐杯をシンボルとして使っています。チェコの地図には、十字架と聖餐杯が描かれていますが、前者はカトリック教会、後者はプロテスタント教会を表しています。ちなみに古代教会においては、イエスがペトロに、「人を獲る漁師にする」と言ったことに由来し、キリスト教のシンボルは魚でした。

チェコ民族をひとつにした「物語」

20世紀に入り、オーストリア＝ハンガリー帝国が崩壊し、チェコスロヴァキアは独立を果たします。初代大統領のトマーシュ・マサリクは、ウィーン大学を卒業し、プラハ大学の教授を務めた後、独立運動に参加し、ヨーロッパの各国で遊説を行い、チェコスロヴァキアの独立を訴えました。マサリクは、チェコ共和国とスロヴァキア共和国という、歴史的経緯も違うふたつの民族を結びつけるために、フス派の伝統に立ち返りました。フス派の本質は民族教会であるけれど、それよりも信仰によって一致している契約共同体である、と。フス派の伝統と信仰を、チェコ民族の基盤にしたマサリクの発想は画期的です。チェコスロヴァキア国家にとって、フス派の伝統は、国をまとめる大きな物語であったわけです。

人は、物語をつくる生き物であり、また物語を必要とする生き物です。日本のアカデミズムはポストモダンの影響を受けて大きな物語を否定し、小さな差異を強調するようになってしまいました。歴史書はエピソード主義、テーマ主義になり、大きな物語の歴史がなくなったことにより、最近の書店の歴史書コーナーのように箸にも棒にもかからない言説が流通し、政治家の稚拙な歴史観が大手を振ってまかり通るようになってしまっています。大きな物語をつくることをしなくなったら、粗悪な物語が流通するようになるのです。

第二章　フス宗教改革の内在論理

近代とは何か

第一章では、教会と社会が一体化していた中世から、教会間の差異が顕在化し、分裂を引き起こす決定的な要因となり、近代への扉を開いた、フスとフス派の宗教改革を見てきました。第二章では、フス派の宗教改革の構造を明らかにし、神学的に考察していきます。

キリスト教神学から見るならば、近代とは、人間が原罪を持っていることを忘れ、人間の力によって世界をマネージできる、理性や合理性によって世界を組み立てることができると考えるようになった時代です。なぜこのようになったのか。その起源を知るためにも、フス派の宗教改革の内在論理を明らかにする意義があります。

キリスト教の時間観

フス派の、特にターボル派を突き動かしたのは、キリスト教における「終末」の考えでした。

終末を理解するには、まず、キリスト教の時間観をおさえておかなければなりません。これまでの私の著書でも度々触れてきましたが、日本人の時間観は円環を成しています。お正月になると、新しい時間が始まり、大みそかに終わる。それに対してキリスト教徒の時間観は直線です。天地創造という始点があり、終末という終点がある。この終点のことを、ギリシア語でtelos、英語でendといいます。endには、「目的」という意味もあり、この世の終点は、キリスト教徒にとって、目的であり完成でもあるのです。ポストモダン以降、「目的論（teleology）批判」という単語がよく使われるようになりましたが、キリスト教では、この世の終わりが来たところでイエス・キリストが再臨し、最後の審判が行われ、救われると考えます。

そしていま流れている時間がクロノスです。クロノロジー（chronology 年表、時系列表）、クロニクル（chronicle 年代記）という語が示すように、直線で伸びていく、単なる時間の連続です。それに対して、クロノスを切断する、この出来事の前と後では世界のあり方が変わってしまうという時間を、カイロスと言います。キリスト教徒にとって、歴史における最大のカイロスは、イエス・キリストが現れたことです。神が人間を救うためにひとり子のイエス・キリストを地上に送ったという、このカイロスにおいて人間の救済は保証され、救済のためのプロセスが始まったのだけれど未だ完成はしていない。終末が来ることで、救済の目的が果たされ、完成する――この、終末が来るまでの時間を中間時《じ》と言います。いまに生きる我々も中間時にいるというわけです。

このようなキリスト教の時間に対する考え方は、カントのように時間と空間を「在りて在るもの」と自明のものとする考え方と対極にあります。なぜなら、ユダヤ・キリスト教では、時間と空間は神がつくったものであり、神が管理しているからです。

そのためキリスト教は極端な延命治療には批判的です。人間の自然な寿命に逆らって、必要以上の人為的な手段を使って延命するのは、神に対する一種の反逆であるからです。アンチ・エイジングのように老いを拒否することにも、キリスト教は忌避反応が強い。貨幣に対しても、そうです。貨幣で商品を買ったとしても、流通過程のなかで生き続ける。貨幣が電子マネーになったとしても、数字はずっと残っている。こういうゾンビ的なものに対する警戒感が、キリスト教にはあります。

「この世の終わり」はいつ来る？

さて、聖書で、終末について触れている箇所は二ヵ所あります。

まず、イエスが死んだ後、使徒たちがどういう行動をしたか、どういう発言をしたかということを記録した「使徒言行録」を見てみましょう。

テオフィロ様、私は先に第一巻を著して、イエスが行い、また教え始めてから、お選びになった使徒たちに聖霊を通して指示を与え、天に上げられた日までのすべてのことについて書き記しました。（「使徒言行録」1章1〜2節）

テオフィロという人物が本当にいたかどうかはわかりません。テオはギリシア語で神を表すTheosで、フィロはphilia（フィリア、友愛）です。「テオフィロ」という名前は、神を愛する人という意味です。

また第一巻とは、四つある福音書のうち、「ルカによる福音書」です。「使徒言行録」は、ルカによる福音書と同じ著者（著者集団）によって書かれています。

イエスは苦難を受けた後《のち》、ご自分が生きていることを、数多くの証拠をもって使徒たちに示し、四十日にわたって彼らに現れ、神の国について話された。そして、食事を共にしているとき、彼らにこう命じられた。「エルサレムを離れず、私から聞いた、父の約束されたものを待ちなさい。ヨハネは水で洗礼を授けたが、あなたがたは間もなく聖霊によって洗礼を受けるからである。」

さて、使徒たちは集まっていたとき、「主よ、イスラエルのために国を建て直してくださるのは、この時ですか」と尋ねた。（「使徒言行録」1章3〜6節）

使徒たちは「いま終末が来るんですか？」と聞いたわけです。それに対してイエスはこう答えます。

イエスは言われた。「父がご自分の権威をもってお定めになった時や時期は、あなたがたの知るところではない。ただ、あなたがたの上に聖霊が降《くだ》ると、あなたがたは力を受ける。そして、エルサレム、ユダヤとサマリアの全土、さらに地の果てまで、私の証人となる。」

こう話し終わると、イエスは彼らが見ている前で天に上げられ、雲に覆われて見えなくなった。イエスが昇って行かれるとき、彼らは天を見つめていた。すると、白い衣を着た二人の人がそばに立って、言った。「ガリラヤの人たち、なぜ天を見上げて立っているのか。あなたがたを離れて天に上げられたイエスは、天に昇って行くのをあなたがたが見たのと同じ有様《ありさま》で、またお出でになる。」

（「使徒言行録」1章7～11節）


つまり、神様が時間を管理しているから、いつ再臨になるか、いつこの世の終わりが来るのかはわからない、と言っているわけです。有限な人間に、無限のことはわかりません。

もう一ヵ所の記述は、「ヨハネの黙示録」22章20節です。

これらのことを証《あか》しする方が言われる。「然《しか》り、私はすぐに来る。」アーメン、主イエスよ、来《きた》りませ。


イエスは「私はすぐに来る」と言って去っていったので、使徒たちは、「すぐ」は少なくとも自分たちが生きているうちだと考えました。そこで、この世の終わりは近い、神の国が近づいたから悔い改めよ、と多くの人に伝えるために積極的な伝道に出たわけです。ところが、それから50年くらい経ってもイエスは来ない。この間に使徒も死んでしまったし、終末が来るまでまだしばらくかかるかもしれないから、イエスの教えを書き残しておかなければいけない、ということで聖書がつくられました。2000年経った現在も、終末は来ていません。これを、神学では「終末遅延」と言います。

つまり、人間が時間を自分たちで管理できると思ったらいけないわけです。ロシア人に「いつになったらやってくれるんだ?」と訊くと「за́втра（ザーフトラ、明日）」と答えます。でも、「明日」はこの先の24時間という意味ではなくて、遠い未来を指しています。私が外務省にいた1993年当時、エリツィン大統領と細川総理の間で、北方四島の帰属問題を解決して早期に平和条約を締結する、という東京宣言をつくりました。しかし、早期にという約束をしてから27年経っても、平和条約は条文交渉すらできていません。

人間が時間を支配することはできないことが、『トルストイ民話集』（岩波文庫）に収録されている「人はなんで生きるか」という話に、よく表れています。

靴屋のセミョーンは礼拝堂の裏で行き倒れた男を見つけます。セミョーンは家に連れ帰り、男はセミョーンのもとで靴職人として働くことになり、ミハイルと名乗ります。ある日、金持ちが靴屋に上等な革を持ってきて「1年履いても形の崩れない、縫い目の切れない長靴をつくれ」と注文したところ、ミハイルは金持ちの後ろを見据えてにっこりと笑います。金持ちはミハイルのその態度に怒りながら去り、ミハイルはその革で死人が履くようなスリッパをつくります。セミョーンが驚いているると、金持ちの下男がやってきて、靴屋から帰る途中で金持ちが死んでしまったから長靴ではなく死人に履かせるスリッパをつくってほしいと告げます。後日、ミハイルは、金持ちの後ろに死の天使が立っていて、1年後どころかこの日の夕方まで生きられないことを知ったと、セミョーンに伝えます。私たちは、この金持ちのように、今日、仕事から、学校から家に帰る途中で死んでしまうかもしれません。それは誰にもわからないのです。

　人間が自力で自分の時間に対して行使できるのは、自殺という手段で自分の時間を縮めることだけです。キリスト教で自殺が認められないのは、神が管理している時間を人間の手によって終結させることは、神の権限への侵犯行為であるからです。同じ理由で、殺人も認められません。なぜなら、他者が持っている時間を人間が恣《し》意《い》的に奪うことができるからです。

　殺人の他に、人間が命を奪うことのできる行為として、死刑制度があります。日本における死刑囚の管理で最も重要なことは、心身ともに健康な状態を保ってもらうことと、自殺されないようにすることです。たとえば38度の熱があったり、盲腸炎にかかったりすると、死刑の執行は延期になります。作曲家の伊東乾《けん》氏が、東京大学の同窓生であったオウム真理教元幹部の死刑囚豊田亨氏（2018年7月26日執行）に接見に行ったら、目を突いたり、喉を突いたりができないように、ボールペンを取り上げられていたそうです。つまり、結局は死ぬのだけれども、自分の手ではなく、国家が生きている時間を管理するという形なのです。これは神に国家が成り代わっているということなので、死刑制度は、神の専管事項に対する越権行為になるわけです。ヨーロッパで死刑制度に忌避反応が強いのは、世俗化されたキリスト教があるからでしょう。

終末に残るもの

日本人は、キリスト教の終末を、「ヨハネの黙示録」の「然《しか》り、私はすぐに来る」から理解する傾向が強くあります。しかし、黙示は、「隠されていた事柄を明らかにする」という文学形態に対する名称であり、直ちにこの世の終わりを示すわけではありません。

終末を理解するには、むしろ、キリスト教の愛についての考え方を示した「コリントの信徒への手紙 一」13章が重要です。

たとえ、人々の異言、天使たちの異言を語ろうとも、愛がなければ、私は騒がしいどら、やかましいシンバル。たとえ私が、預言する力を持ち、あらゆる秘義とあらゆる知識に通じていても、また、山を移すほどの信仰を持っていても、愛がなければ、無に等しい。また、全財産を人に分け与えても、焼かれるためにわが身を引き渡しても、愛がなければ、私には何の益もない。

（「コリントの信徒への手紙 一」13章1〜3節）

「異言」は、トランス状態で出てくる言葉です。私がモスクワのプロテスタント教会に通っていた頃、突然、信者が「うーっ」と言い出したり、床を転げたりすることがありました。そうしたら、長老が「いま異言が降りてきました。誰か解き明かせる人はいますか?」と言う。すると、別の信者が「神は愛と言っています」というようなことを言って、教会中がわーっと盛り上がるのです。

「預言」は、神から預かった言葉を指します。未来のことも含まれていますが、基本は、現状の批判です。

しかし、聖書では、異言や預言よりも、むしろ「愛」が重要なのです。「コリントの信徒への手紙 一」13章の続きを読んでみましょう。

愛は忍耐強い。愛は情け深い。妬まない。愛は自慢せず、高ぶらない。礼を失せず、自分の利益を求めず、怒《いか》らず、悪をたくらまない。不正を喜ばず、真理を共に喜ぶ。すべてを忍び、すべてを信じ、すべてを望み、すべてに耐える。愛は決して滅びません。しかし、預言は廃れ、異言はやみ、知識も廃れます。私たちの知識は一部分であり、預言も一部分だからです。完全なものが来たときには、部分的なものは廃れます。幼子《おさなご》だったとき、私は幼子のように話し、幼子のように思い、幼子のように考えていました。大人になったとき、幼子のような在り方はやめました。

（「コリントの信徒への手紙 一」13章4〜11節）

ドイツの神学者ディートリッヒ・ボンヘッファーは、世俗化した現代社会を「成人した世界」と呼びました。成人した世界では、聖書的な概念は、非宗教的に解釈されます。そのよい例が、進化論です。それに対して聖書の世界は、言わば幼子の世界です。近代科学の学知以前の世界像で書かれているため、進化論ではなく、天地創造の物語になっている。

我々は成人しつつあるわけだけから、語り方は、幼子のころから変わってきてもいい——そう考えるので、キリスト教は進化論と矛盾しないのです。

私たちは、今は、鏡におぼろに映ったものを見ていますが、その時には、顔と顔とを合わせて見ることになります。私は、今は一部分しか知りませんが、その時には、私が神にはっきり知られているように、はっきり知ることになります。

（「コリントの信徒への手紙 一」13章12節）

我々は、いま、お風呂に入って湯気がついている鏡で曖昧《あいまい》な姿を見ているような状態です。終わりの日には互いに顔を見合わせて真理を知る、最後には全体像を知ることができるという考え方が、終末論です。

それゆえ、信仰と、希望と、愛、この三つは、いつまでも残ります。その中で最も大いなるものは、愛です。（「コリントの信徒への手紙 一」13章13節）

だから信仰、希望、愛——この三つは、どのような状況になっても残ります。信仰を、世俗化した言葉にするなら、人間と人間の間に生まれる信頼と言ってもよいかもしれません。信仰（信頼）、希望、愛の三つは、終わりのときまで残るのです。

ちなみに、信仰（信頼）、希望、愛のうち、希望を未来と結びつけると、マルクス主義と同じ構成になります。マルクス主義は神を否定しましたが、階級のない共同社会を目指すという目標設定は、上にいる神を座標軸に沿って90度倒し未来に持っていくのと同じ構成です。マルクス主義にとっての神は、階級のない共同社会になるというわけです。

このようにマルクス主義を整理したのが、マルクス主義者であったドイツ人のエルンスト・ブロッホです。ブロッホは『希望の原理』という著作で、希望を、「いま・ここ」を突破した先にある、未だ意識されていないユートピアとして捉えました。ブロッホの影響を受けて、ユルゲン・モルトマンという神学者は、『希望の神学』という著作で、現代神学に希望と未来を取り戻しました。

いま、ここで生きるための指針

さて、ここまでの流れから、読者は、終末は時間的な未来に起きるもの、というように理解しているかもしれません。しかし、キリスト教が考える終末は、現在の瞬間においてもあります。どういうことでしょうか?

終末がすでに始まっていることは、「悔い改めよ。天の国は近づいた」(「マタイによる福音書」4章17節）というイエスの言葉に端的に表れています。このイエスの言葉は、時間的な未来ではなく、人間にとって超越的なことが、いま、この瞬間にも起きていることを指していることをおさえておかなければなりません。終末は、遠い未来についての荒唐無稽《こうとうむけい》な物語ではなく、いま、ここで私たちが生きていくための指針なのです。終末をどう捉えるかで、この世（此岸《しがん》）における行動が、生き方が変わってくるのです。

たとえば、よく「いまの私は仮の姿」「本来、私のいる場所はここではない」と、いまを否定し厭世《えんせい》的になる考え方がありますが、キリスト教から見るならば、これは非終末論的な考え方です。仮の姿であろうが何であろうが、それがいまの現実の姿であり、いまいる場所なのです。そこでやれることを一所懸命やることがキリスト教徒には求められています。

この世の終わりがいつ来るかはわかりません。明日なのか5年後なのか30年後なのか100年後なのかわからないけれど、終末が来てキリスト教徒は救われ、永遠の命を得て神の国に行く――これを、フスも固く信じていました。
フスの考えがよく表れている箇所をフロマートカ『宗教改革から明日へ』より引用します。

フスの黙示録的でない終末論は、ボヘミアの古い韻文の祈禱《きとう》文の修正に特徴的である。祈禱文の元の第一連は以下であった。

我らのもとに来たり給え、待望の、
全世界の万能のキリストよ、
我らの心にあなたのことを知らせ給え
罪なく待つことができるように

この連をフスは以下のように手を加えた。

我らのもとに来たり給え、待望のキリストよ、
世界の万能の主よ、
我らの心にあなたのことを知らせ給え
恐れることなく待つことができるように
（『宗教改革から明日へ』34ページ、強調引用者）

フスは祈禱文の最後を「罪なく待つことができるように」から「恐れることなく待つことができるように」に変えました。

なぜなら、人間が罪から逃れることは絶対にできないからです。キリスト教では、人間は例外なく原罪を持っていると考えます。人間の罪から悪が生まれます。しかも人間の悪の怖さは、自分ではよいことを行っていると思っていても、実際には悪を行っている可能性が常にあるということです。もちろん私自身も、悪から逃れることはできません。しかし、その罪を認めることで、罪を恐れずに生きていくことはできます。

人間に自力救済はできない

キリスト教における罪とは、どういうものなのでしょうか？　パウロによる「ローマの信徒への手紙」を読んでみましょう。

私たちは、律法が霊的なものであると知っています。しかし、私は肉の人であって、罪の下《もと》に売られています。私は、自分のしていることが分かりません。自分が望むことを行わず、かえって憎んでいることをしているからです。もし、望まないことをしているとすれば、律法を善いものとして認めているわけです。ですから、それを行っているのは、もはや私ではなく、私の中に住んでいる罪なのです。

私は、自分の内には、つまり私の肉には、善が住んでいないことを知っています。善をなそうという意志はあっても、実際には行わないからです。私は自分の望む善は行わず、望まない悪を行っています。自分が望まないことをしているとすれば、それをしているのは、もはや私ではなく、私の中に住んでいる罪なのです。それで、善をなそうと思う自分に、いつも悪が存在するという法則に気付きます。内なる人としては神の律法を喜んでいますが、私の五体には異なる法則があって、心の法則と戦い、私を、五体の内にある罪の法則のとりこにしているのです。私はなんと惨めな人間なのでしょう。死に定められたこの体から、誰が私を救ってくれるでしょうか。私たちの主イエス・キリストを通して神に感謝します。このように、私自身は、心では神の律法に仕えていますが、肉では罪の法則に仕えているのです。

（「ローマの信徒への手紙」7章14～25節）

パウロが述べているように、人間は、自分が望むことは実行せず、かえって憎んでいることを行ってしまう。それは、人間に罪が内在しているからです。罪に囚われている人間が、自力で救済されることはありません。あくまでも、人間の力を超えた外部の力、超越的な力によって、救済される。ここから、神の恩恵（恩寵《おんちょう》）のみによって人間は救われるという考えが導き出されます。

誰が救われるのか？

それでは、終末のときに、誰が救われるのでしょうか？　人間は、最後の審判のときまで、知ることはできません。新約聖書に「毒麦のたとえ」があります。

「天の国は、良い種を畑に蒔いた人に似ている。人々が眠っている間に、敵が来て、麦の中に毒麦を蒔いて行った。芽が出て、実を結ぶと、毒麦も現れた。僕《しもべ》たちが主人のところに来て言った。『ご主人様、畑には良い種をお蒔きになったではありませんか。どうして毒麦が生えたのでしょう。』主人は、『敵の仕業だ』と言った。そこで、僕たちが、『では、行って抜き集めておきましょうか』と言うと、主人は言った。『いや、毒麦を集めるとき、麦まで一緒に抜くかもしれない。刈り入れまで両方とも育つままにしておきなさい。刈り入れの時、「まず毒麦を集め、焼くために束にし、麦のほうは集めて倉に納めなさい」

と刈り取る者に言いつけよう。』」　（「マタイによる福音書」13章24～30節）

つまり、実るのを待って、刈り入れの時に毒麦とよい麦を分け、毒麦を火にくべなさい、というわけです。現実に存在する教会には、毒麦とよい麦が併存していま す。教皇、枢機卿、高位聖職者だからといって、それがよい麦であるという保証はなく、毒麦の可能性もあるわけです。

イスラム教では、最後の審判で現世でのよい行い、悪い行いを天秤《てんびん》にかけて、よい行いが重ければ、その人間は救われます。キリスト教では、基本的に、救いは神の恣意的な判断であり、人間の行いは救いには関係ありません。改革派では、二重予定説を取ります。これは、人は生まれる前から救われる人と永遠の滅びに苛《さいな》まれる人が決まっているという考え方で、救済が神の専管事項であることをより強調したものです。それに対して、すべての人が救われる可能性がある、という万人救済説もあります。しかし、「すべての人が完全に救われる」という説になると、キリスト教ではなくなってしまいます。

トランプ支持者が共鳴する「千年王国説」

終末の考え方のひとつに、アメリカのファンダメンタリスト(原理主義者)に支持されている「千年王国説」があります。これは、キリストが再臨し、一千年間、地上の王国を統治するという説です。千年王国説にはふたつの立場があり、最後の審判があってキリストが再臨し、その後に千年王国があるとする「前千年王国説」と、一千年間正しい人たちによるこの世の統治があった後にキリストが再臨するとする「後千年王国説」があります。千年王国に入るには、人間が悔い改める必要があります。

日本人からはナンセンスに見えますし、実際、ヨーロッパの主流派の神学者はほとんど千年王国に関心を示しません。「ヨハネの黙示録」から、神学的に千年王国を導くことができないからです。

しかし、アメリカではリアリティを持って受け止められており、トランプ大統領の後ろ盾である福音派は千年王国説を信じています。先ほど、終末をどう捉えるかで此岸における行動が変わってくると述べましたが、悔い改めを強調する千年王国説は、前千年王国説であれ後千年王国説であれ、人間が地上で正義を行うという行為に結びつきやすくなります。

不合理だからこそ信じる

チェコ宗教改革者は、千年王国説をどのように捉えたのでしょうか。

フス派の流れを汲み、聖俗権力を否定しながら、非暴力を主張したペトル・ヘルチツキー（1390？－1460？）は、千年王国説は、悪魔に取り憑かれてしまった者の考えであると批判しました。自分たち人間の力で千年王国的な理想社会を実現していくことができる、もしくはカトリック教会はキリストの教えに背いているから力で対抗していく、そのようなことを思った瞬間に、我々は悪魔によって取り憑かれる、と。これは、ターボル派が暴力という悪に足を掬《すく》われてしまったというヘルチツキーの経験から来ています。

ヘルチツキーはさらに、こう考えました。千年王国は人間が考えた思想であって、時代の流行にすぎない。悪魔は時代の流行を利用するので、千年王国説も、悪魔の衣服であり、恐怖によって人々を支配しようとする宗教的な欲望の表れにすぎない。その人間が暴力性を持つかどうかを起点に、キリスト教信仰として正しい人かどうかを見るべきだ、と。ヘルチツキーの教えに従う人々は、互いを「兄弟」「姉妹」と呼び合い、新たな信仰共同体「ボヘミア兄弟団」をつくりました。ボヘミア兄弟団は16世紀には10万人を超えましたが、カトリックに弾圧されてなくなります。しかし、兄弟団の目に見えないネットワークは生き続け、1918年にチェコのルター派と改革派（カルヴァン派）が合同してできた教会の名前は「チェコ兄弟団福音教会」になりました。第一章で触れたチェコスロヴァキア共和国の初代大統領トマーシュ・マサリクが念頭に置いていたのも、ボヘミア兄弟団的なキリスト教信仰に基づく隣人愛です。

ボヘミア兄弟団の特徴であった目に見えないネットワークと徹底した非暴力は、いまもチェコのプロテスタント教会に生き続けています。教会は国家の行為である戦争に加わらず、武力ではない形での闘争を取るべきだと考えるプロテスタントが、数は少ないですが存在します。ヘルチッキーの考え方を敷衍《ふえん》すると、暴力を使わないことが、結局は暴力的なものに勝つことができる――インドが独立したのも、マハトマ・ガンジーによる徹底した非暴力運動の成果であったし、オバマ大統領が生まれたのも、アメリカの公民権運動を非暴力主義で指導したマーティン・ルーサー・キング・ジュニア牧師がいたからでした。暴力を完全に否定する人を攻撃し続けるのは、人間心理として極めて難しいため、無力な者たちが戦うには、非暴力が極めて有効な選択肢となります。

一方、近代教育学の父と言われ、ボヘミア兄弟団の一員でもあったヤン・アーモス・コメンスキー（コメニウス、１５９２－１６７０）は、ヘルチッキーと対照的に、千年王国を受け入れました。コメンスキーは、個人と社会のふたつのレベルから、救済を捉えました。つまり私という個人が救われるためには社会が変わらなければならず、その社会を変えるためには、神の似姿としてつくられた人間が持っている知恵の力が必要である、と。そのために教育を重視し、ラテン語の教科書をつくり、図解事典をつくったのです。また、コメンスキーは、こうも考えました。人間が世の中を変えていかなければならないのは、神への服従から起きることであり、人間が自らの意志で理想的な社会を組み立てることと同義ではない。変えていかなければいけないのは、やらないといけないからであって理由はない——こういう無理筋の論理になる背景には、不合理であるがゆえに信じるという、プロテスタント的な信仰の形があります。

キリスト教はアンチ・ヒューマニズムで、人間の知性を基本的に信用せず、合理的なものを信じません。有限な人間は無限を知ることはできません。合理的なものは信じるのではなく、頭で理解するものです。信仰の「不合理であるがゆえに私は信じる」という構成は、チェコの宗教改革者にも色濃く出ています。

信仰とは感化すること

ここで、信仰について考えてみましょう。

信仰は、強い意志や決断があってのものだ、と考える人が多いでしょう。しかし、キリスト教の人間観では、人間とは原罪のある完全からは程遠い存在です。そのような人間が何かを決断したとしても、すぐに崩れてしまいます。

イエスの弟子ペトロを思い出してみましょう。最後の晩餐の後、イエスは「この中に私を裏切るものがいる」（「マルコによる福音書」14章18節）と言い、ペトロに「あなたは鶏が鳴く前に三度、私を知らないと言うだろう」と予告します。ペトロは「絶対にありえない」と強く否定しますが、翌日イエスが連行され、周囲から「おまえもあいつの弟子だろう？」と詰め寄られると、「違う」と否認してしまいます。再三問われ、三度目に否認した直後、鶏が鳴き、ペトロはイエスの予告を思い出します。

私自身のことを振り返っても、人間とはペトロのような存在だと思います。2002年、東京地検特捜部に逮捕されたとき、「何があっても佐藤くんの味方だ」「絶対に佐藤さんについていきます」と強く言ってくれていた外務省の上司や同僚だった男性たちは皆、ペトロのように逃げていきました。人間の意志は、移ろいやすく、何かあれば簡単に崩れる脆《もろ》いものなのです。

それでは、そのような脆い意志を持つ人間の信仰はどうやって生まれるのでしょうか。マグダラのマリアや、ヤコブとヨセフの母マリアのようにイエスの周りにいた女性たちは、イエスが捕まり処刑されても逃げませんでした。三度否認したペトロは、ガリラヤの山で復活したイエスと会い、その瞬間から殉教をも恐れない人間になりました。キリスト教を弾圧していたパウロは、ダマスコ（現在のシリアの首都ダマスカス）への途上でキリストと出会い回心し、殉教するまで精力的に伝道を行うまでになりました。人間の意志や決断でないとしたら、このような「強い」信仰が生まれるのはなぜでしょうか。

彼らは、イエスの言葉や行動、イエスの生き方に強く影響を受けたのです。神の子であるにも拘わらず我々の罪を贖《あがな》って死ぬイエスの姿を見て、自分の命をも惜しまない人間に変わった。つまり、あるもの凄い生き方をする人間に直《じか》に接し、感化を受けることで、信仰が育まれたのです。そして、感化された人たちが、また違う人たちと接する中で影響を与えていき、信仰が広がっていった。

フスは異端審問にかけられても自説を撤回せず、火刑に処されました。このフスの殉教の姿を見ることで、ボヘミアのキリスト教徒も、死を恐れない人間になったのです。

感化が起きるのは、教育の現場でも同じです。私の大学生時代、先生たちは、よく飲みに連れていってくれ、図書館の神学書のカードづくりといった、本人の勉強になる形でのアルバイトをさせてくれ、私が先生と違う意見を主張しても寛容でした。いま私がそのご恩を返したいと思っても、もう先生たちは亡くなってしまっていない。だから、私は客員教授として教えている同志社大学神学部の学生に返している。こういうように広がっていくのが、感化なのです。感化を抜きに師弟関係は構築できないし、教育はうまくいきません。

もちろん、感化には、危険性もあります。オウム真理教事件は、麻原彰晃《しょうこう》という強烈なカリスマに感化された人たちが、自分の命を捧げてもいいというまでの信仰を持ちました。それだから、オウム真理教に反対する人たちの生命を奪ってしまうことに対して、抵抗感が薄れていたのです。理論でも、決断でもなく、感化されたからこそ信じたのです。

知識と信仰は対立する？

それでは、信仰と知識は相反するものなのでしょうか。

中世の神学者のアンセルムスは「知解を求める信仰」「理解を求める信仰」という言い方をしました。信仰があればその信仰について知りたくなるのは当然であるし、知識をつけ理解を深めるほどに信仰は深まるもので、信仰と知性は対立するものではない——この考え方は、まるで中世と近世の思考のつなぎ目のようです。

いまの時代は基本的に近世の延長線上にあり、ポストモダン的な状況の中で、危機的になっています。近代経済学が資本主義社会の課題を解決できないように、モダンの枠組みにおいては現代の危機を超克する考え方が出てきません。だからこそ、現代でない枠組み、中世的な思考をおさえておくのは重要なのです。

AIは人間を超えることができるか

キリスト教の信仰の根幹には、アンチ・ヒューマニズムである人間理解があります。繰り返し述べてきましたが、有限な人間に、無限のことはわかりません。それは、神の専管事項だからです。近年のＡＩ（人工知能）をめぐる議論に、この提題がよく表れています。

ベストセラーになった『ＡＩ vs. 教科書が読めない子どもたち』（東洋経済新報社）の著者新井紀子氏は、巷間に流布しているＡＩ自らの力で人間の知能を超える能力を持つシンギュラリティ（技術的特異点）に至るといった言説は、すべて誤りであると退けています。

論理、確率、統計。これが４０００年以上の数学の歴史で発見された数学の言葉のすべてです。そして、それが、科学が使える言葉のすべてです。次世代スパコンや量子コンピューターが開発されようとも、非ノイマン型と言おうとも、コンピューターが使えるのは、この３つの言葉だけです。

「真の意味でのＡＩ」とは、人間と同じような知能を持ったＡＩのことでした。ただし、ＡＩは計算機ですから、数式、つまり数学の言葉に置き換えることのできないことは計算できません。では、私たちの知能の営みは、すべて論理と確率、統計に置き換えることができるでしょうか。残念ですが、そうはならないでしょう。

新井氏がここで述べたことは、神学的には、カルヴァンの「有限は無限を包摂しえない」という立場と親和的です。新井氏自身がカルヴァン系の教会で洗礼を受けたキリスト教徒であることが、思考のＯＳのどこかで関係しているのではないかと思います。

一方、スーパーコンピュータの助成金詐欺容疑で２０１７年12月に逮捕、起訴された齊藤元章氏は、逮捕の１ヵ月前に刊行された対談本でこう述べています。

齊藤　ご承知のように、シンギュラリティの信奉者である「シンギュラリタリアン」を自認する私は、もう少しアグレッシブな経過をたどることを想定しています。

井上先生が指摘されているクリエイティヴィティ、マネジメント、ホスピタリティについても、AIが人間の能力に匹敵するようになるのは案外早いのではないかという気がしていますが、これも本当に蓋を開けてみないとわからない部分なので、これから推移を見届けていく必要がありますね。（中略）

本質的な部分を考えると、2030年頃という見立てです。下手をすれば2025年にも、われわれが予想するよりもはるかに高度な汎用性を持った人工知能が出てきてもおかしくないと考えています。

そうした意味において、現実がSFを超える日は近いのではないかと私は思います。（齊藤元章／井上智洋『人工知能は資本主義を終焉させるか』PHP新書）

齊藤氏のようなシンギュラリティへの確信は、神学的にはルターに近い立場です。ルターは、有限な人間であっても特殊な才能があれば無限なる神を捉えることができるという極端な主観主義を主張しました。

ちなみに、神学的な思考を理解するのには、数学は非常に役立ちます。17世紀のプロテスタント正統主義（プロテスタント・スコラ主義）を理解するには、アリストテレス哲学をおさえておく必要があるため、高校数学の論理学の知識が欠かせません。悪について考える場合には、目に見えない虚数iが出てくる複素数の概念が重要になります。虚数iは二乗すると、−1、マイナスになって現れます。また、虚数iを実数と組み合わせ、座標平面に対応させると、目に見える形になって現れます。

これをアナロジカルに考えれば、悪がどうやって現れるかを考える助けとなります。アインシュタインは、観測される現象が偶然に選ばれる量子力学を、同じように偶然に従う結果を出すサイコロになぞらえ、「神はサイコロを振らない」と批判しました。確率は、神なき世界を示しているものだからです。神学には、旧約聖書の記述から新約聖書におけるイエス・キリストや教会の姿を見る予型論《よけい》という方法があるのですが、ある集合と別の集合の部分を対応させる数学の写像を理解しておけば、難しくない。写像をうまく使えば、この世の中で起きていることの原型を、聖書の中に見ることができます。

こういうふうに、数学的な概念を援用することで神学的な目で、森羅万象を見ていくことができます。

キリスト教はアンチ・ヒューマニズム

それでは、終末についてさらに考えていきましょう。

千年王国説について触れる中で、危険性について先に述べてしまいましたが、「悔い改め」自体は、キリスト教では、非常に重要な行為です。前述しましたが、イエスの「悔い改めよ。天の国は近づいた」（「マタイによる福音書」4章17節）という言葉に、終末がすでに始まっていることが表れているからです。チェコ宗教改革者は、「悔い改め」を重視しました。

キリスト教徒に要請されている、「悔い改め」とは、イエス・キリストの生き方に倣うことです。罪がまったくないにも拘わらず、人間の代わりに罪を背負って十字架にかかり、殺され、神の愛によって復活されたイエス・キリストの生き方に照らして、我々人間は悔い改めなければならない。キリスト教的良心とは、悔い改めることなのです。
よく近代的な概念から照射して、良心について、間違えた理解をしていることがあります。「人間にはよいことをやりたいという心が元来備わっていて、それは仏教徒でもイスラム教徒でもキリスト教徒でも、無神論者でも同じである。良心で人間は結びついている」というようなものです。これは、キリスト教とは、まったく関係のない思想です。それと言うのも、何度も述べましたが、キリスト教は、人間は原罪を持っている存在だと考えるからです。原罪から悪が生まれる。それだから、ヒューマニズムに積極的な価値を認めず、性悪説に立ちます。自分のことを良心的だと思う、その瞬間に悪魔に囚われていると考えます。

ただ、カトリシズムは、時々ヒューマニズムに傾くことがあります。神学用語で「創造の秩序の神学」と言いますが、カトリックは神が創造したこの世のすべてに神の意志があると考えるので、神が創造した人間にも神の意志があると捉えるのです。プロテスタントは被造物に神の意志があるとは考えません。ヒューマニズムは、真《まこと》の神で真の人であるイエス・キリストの良心にのみあると考えます。

20世紀最大のプロテスタント神学者であるカール・バルトは「我々は存在の類比を悪魔の発明と考える。それゆえに人はカトリック教徒になることはできない」と言い、神の前で人間が悔い改めることが重要であると考えました。フロマートカは、悔い改めとは、神だけでなく、隣人に対して、すなわち非キリスト教徒に対しても悔い改めることだと考えました。なぜなら、キリスト教徒がやるべきことをきちんとやっていたならば、こんなにひどい世の中にはなっていなかったからです。イエス・キリストの福音を知らない人や神を否認する人、つまり非キリスト教徒も無神論者も神の支配の下にあるから、その人たちにイエス・キリストの愛のリアリティを伝えることができていないキリスト教徒の至らなさを同時に悔い改めないといけない、とフロマートカは強調します。

バルト神学は教会やアカデミズムの中に留まりうる性格であるのに対して、フロマートカ神学は、この現実の世界に出ていく特徴があります。フロマートカの考えは、「フィールドはこの世界だ」という言葉によく表れています。此岸のこの世界で、キリスト教徒として為すべきことをしていく。これは、改革派の「神の栄光のために」というスローガンにも共通します。人間は生きること自体に目的があるのではなく、神の栄光のために奉仕するのが目的であるから、神からもらった能力を神の目的のために奉仕する。「神の栄光のために」と聞くと大多数の日本人は忌避感を抱くでしょうが、汝《なんじ》自身を愛するように隣人を愛するし、自分の持っている知識を隣人のために用いるという社会的倫理を指しています。

私は雑誌や有料メルマガで読者からの相談を受け付けていて、よく進路相談も受けるのですが、基本的には、学生には社会に出ることを勧めています。同志社大学神学部の学生に対しても同様です。キリスト教用語で「召命《しょうめい》」と言うのですが、牧師になるとか、教会の中に留まるといったことを、神様との関係において感じている人はその道に進むべきであるけれども、それだけが神学を学んだ者に要請されている道ではありません。

「使徒言行録」の中で、パウロがイエスの言葉として、「受けるよりは与えるほうが幸いである」(「使徒言行録」20章35節)を紹介しています。これは、なかなか酷な言葉です。なぜなら、与える方になるには、自分にそれだけのものがなければならないからです。学んで、他者に与えられる知識や能力を身に付け、自分の立身出世のためだけに使うのではなく、他者のためにも使う。私は、学生がボランティア活動をやったりすることをあまり評価しないのですが、それはまず将来与えることができるものを身に付けることを優先してほしいと考えているからです。

『沈黙』に見る苦難と自由の弁証法

キリスト教徒には、この世界で生きたイエスの生き方に倣い、イエスのように苦難を引き受けることが求められています。苦難は神から与えられた試練であり、苦難を経て自由に至るという弁証法をキリスト教の、特にプロテスタント神学は重視します。

神から来るものは試練であり、悪魔から来るものは誘惑です。それだから、もし、ふたつの道があったとすれば、より難しい道を選択することがキリスト教徒の倫理的に正しい選択になります。その道は、命を懸けて革命や社会正義に邁進《まいしん》していくような道ではなくて、妥協して裏切り者と後ろ指をさされる道かもしれません。殉教するより、踏み絵を踏む方がより難しい――そこに神の愛のリアリティが表れるのです。

このことを考えるのにちょうどよい題材が遠藤周作の小説『沈黙』です。

舞台は島原の乱が終息して少し後の長崎、イエズス会の宣教師であるロドリゴ神父が日本にやってきたという時代です。この時代、ヨーロッパは、三十年戦争の真っ只中でした。ヨーロッパ平定のためにカトリックがプロテスタントを武力で排除しようとしていたこの戦争を受け、イエズス会はプロテスタント勢力に対抗するために広く海外布教することを決定、スペインとポルトガルに命じてアジアや南米に宣教師を派遣しました。つまり、イエズス会は、勢力拡大のために、カトリックを通した植民地化を目論んでいたわけです。結果、宣教師を受け入れたフィリピンは、スペインの植民地になりました。もしキリシタン禁制をしなければ、日本も植民地になっていたかもしれません。

『沈黙』では、他人に神への祈りの仲介を頼んだり、ロザリオといった物をほしがったり、「早くハライソに行きたい」「早くあっちの世界に行きたい」と言う日本の信者の姿が描かれています。これはプロテスタントから見るならば、疎外されたキリスト教です。「神は死んだものの神ではなく、生きているものの神である」とフロマートカは強調しますが、彼岸（あの世）ではない、此岸（この世）における問題が重要であり、いまいるこの世界のリアリティを具体的にどう表すのかが、キリスト教徒には問われています。あの世の救いを強調するのは、この世界における責任放棄です。

このように考えるならば、ロドリゴやフェレイラが取った「棄教《ききよう》」は、キリストの十字架に示された愛をリアルに受け止めたゆえの行動だと言うことができます。教会から異端者と宣告されようとも、いま目の前にいる人々を救い出すために踏み絵を踏む必要があった。作品の終盤で、ロドリゴが、踏み絵の中にいるキリストが「踏むがいい」と言った、と述べます。汝の隣人を具体的な文脈においてどう愛するのかという点において取る行動は、必ずしも殉教ではなく、踏み絵を踏むこともあるのです。

国家に抵抗するべきか、従順になるべきか

『沈黙』のように、キリスト教信仰と自分の属する国家体制が対立したとき、キリスト教徒はどうすればよいのでしょうか？　キリスト教の国家観は、聖書では「ヨハネの黙示録」13章の「二頭の獣《けもの》」と、パウロが書いた「ローマの信徒への手紙」13章「支配者への従順」に表れています。

また私は、一頭の獣が海から上って来るのを見た。その獣には十本の角と七つの頭があり、角には十の王冠、頭には神を冒瀆する名があった。私が見たこの獣は豹に似ていて、足は熊のようで、口は獅子のようであった。竜はこの獣に、自分の力と王座と大きな権威とを与えた。獣は頭の一つに死ぬほどの傷を受けたが、この致命的な傷も治ってしまった。

そこで、全地は驚いてこの獣に服従した。竜が自分の権威をこの獣に与えた

ので、人々は竜を拝んだ。人々はまた、この獣をも拝んでこう言った。「誰がこの獣と比べられよう。誰がこの獣と戦うことができようか。」

（「ヨハネの黙示録」13章1〜4節）

「二頭の獣」の獣は、ローマ帝国を指します。この獣は、口を開いて神を冒瀆し、あらゆる種族、民族、国民を支配する権威が与えられます。そして第二の獣が現れ、獣の像をつくり、拝まない者は皆殺しにし、生きている者には獣の刻印を押します。

この刻印とはあの獣の名、あるいはその名の数字である。ここに知恵がある。理解ある者は、獣の数字の持つ意味を考えるがよい。数字は人間を指している。そして、その数字は六百六十六である。

（「ヨハネの黙示録」13章17〜18節）

ユダヤ教では、完全数は7であり、完全数から1欠けた6がいちばん悪い数字です。ユダヤ教神秘主義カバラ思想では、皇帝ネロを指していると考えられています。

ローマ帝国を崇拝する、国家を崇拝するのは、獣を崇拝するのと同じなので従ってはいけない、終末論的な希望の下に生きるべきだという倫理を訴えています。革命運動の方向でキリスト教を解釈しようとする人は、この「ヨハネの黙示録」13章を引き合いに出します。

これに対して、「ローマの信徒への手紙」で、パウロは支配者への従順を説きます。

人は皆、上に立つ権力に従うべきです。神によらない権力はなく、今ある権力はすべて神によって立てられたものだからです。従って、権力に逆らう者は、神の定めに背くことになり、背く者は自分の身に裁きを招くことになります。実際、支配者が恐ろしいのは、人が善を行うときではなく悪を行うときです。権力を恐れずにいたいと願うなら、善を行いなさい。そうすれば、権力から褒められるでしょう。権力は、あなたに善を行わせるために、神に仕える者なのです。しかし、もし悪を行えば、恐れなければなりません。権力はいたずらに剣《つるぎ》を帯びているわけではなく、神に仕える者として、悪を行う者に怒りをもって報いるからです。だから、怒りが恐ろしいからだけではなく、良心のためにも、これに従うべきです。あなたがたが税金を納めているのもそのためです。権力は神に仕える者であり、この務めに専心しているのです。すべての人々に対して自分の義務を果たしなさい。税金を納めるべき人には税金を納め、関税を納めるべき人には関税を納め、恐れるべき人は恐れ、敬うべき人は敬いなさい。

（「ローマの信徒への手紙」13章1〜7節）

国家体制を擁護する場合は、この章を引用して、議論を展開することが多くあります。戦前の日本のキリスト教徒に天皇制国家への従順を説く場合にも、この章が使われました。

黙示録の国家観とパウロの国家観を、整合的に理解するのは難しく、これまで神学的な様々な工夫がされましたが、カール・バルトの『ローマ書講解』以外、あまり成功しているとは言えません。

複数の絶対に正しいこと

このように新約聖書の中に対極的なものが出て、それぞれの立場が違うように、キリスト教には多くの教派があります。大きく分けてカトリックとプロテスタント、正教があり、その中にまた様々な教派があります。違う教派が対話をして、相互の理解が深まり、概念の一致が生じるといったことはあるのでしょうか?

皆、自分の所属する教派が絶対に正しいと思っています。自らが正しいと思っている者同士が対話をしても、自分の正しさをより確信するという結果になります。これはキリスト教に限りません。仏教であれば、浄土真宗の門徒は浄土真宗が絶対に正しいと思っているし、日蓮正宗の門徒は日蓮正宗が絶対に正しいと思っているし、創価学会のメンバーは創価学会が絶対に正しいと思っている。誰もが、絶対に正しいものを持っているのです。つまり、個別の宗派や教会が、全体を代表している唯一の正しいものであるということは言えないのです。

従って、複数の絶対的に正しいことがある、という考え方に至ります。これは、ライプニッツのモナドロジーという考えと親和的です。神以外につくることも消すこともできないモナド（単子）は、互いに出入りできる扉や窓がありません。他のモナドを見ることで自分の姿を想像し、モナドが大きくなったり小さくなったりすることによって、調和が保たれています。

モナドロジーはEUであったり、ユーラシア共同体や大東亜共栄圏、全体主義の考え方にも通じます。全体主義は、必ず複数主義になり、他の全体の存在を認めます。複数の絶対に正しいものがあり、複数性を尊重し切磋琢磨《せっさたくま》していくというモデルなので、多数の価値観の共存が可能です。これに対して、ひとつの原理によって世界を完全に支配していくのは、普遍主義になります。それ以外の様々な集団を破壊することで、存在することができる。カトリックという言葉は普遍という意味があり、普遍主義的な性格を帯びています。

キリスト教に馴染みの薄い日本では、カトリックもプロテスタントも同じだと思っている人が多いかもしれませんが、教理も違えば、組織のあり方も違います。カトリックでは神の代理人であるローマ教皇をトップにしたヒエラルキーがあり、司教・司祭といった聖職者があり、一般の信者がいます。プロテスタントはすべての人間が祭司であると考えるため、牧師は聖職者ではなく教師、教職者です。

神が死んだ現代

しかし、様々な教派も、イエス・キリストが救い主であるという点では一致しています(厳密には、イエス・キリストは救い主ではなく偉大な教師であったとするユニテリアン派もいます)。キリスト教の中には、イエス・キリストは救い主なのだという点において、教派間の対立を超えて教会の再一致を求めていくという運動があり、これをエキュメニカル運動と呼びます。

プロテスタント教会の主流派はエキュメニカル運動に賛同しており、教派間の対話と学術的な神学を重視しています。しかし、第二次世界大戦後の1948年にオランダのアムステルダムで開催された第一回世界教会協議会への参加をカトリック教会は拒否しました。カトリック教会の立場からは、プロテスタント教会が間違えて離反したのだから、その過ちを認めない限り、教会の再一致はないと主張しています。ちなみに宗教改革は、カトリック教会では「信仰分裂」と呼ばれています。

この第一回大会で、後のアメリカの国務長官を務めていたジョン・フォスター・ダレスが、アメリカ長老（プレスビテリアン）教会のメンバーとして演説をしました。ダレスは周恩来《しゅうおんらい》との握手を拒否したほどの反共主義者です。この会議でも、共産主義は悪魔の手先であり、世界教会協議会も反共体制を追求するべきだという主張をしました。

フロマートカはダレスへの対抗演説を行います。教会は特定の政治制度と一体となるべきではない、無神論の共産主義が生まれたのは、教会が労働者をはじめ虐げられた人を無視した結果である。共産主義を断罪する西側諸国に、本当に神を信じている人間がどれぐらいいるのか。世俗化が進み、形だけ教会に行き、市民社会の一員という意味合いでキリスト教徒と名乗る人が大半であることを考えれば、無神論というのは世界的な傾向であり、特定の政治陣営と結びつける形をイエス・キリストの福音として主張するのは間違いだ、と。

結局、両者の主張は平行線のまま終わります。

ここでフロマートカが述べた、世俗化した世界における反共産主義的な無神論は、かつてナチスの台頭を招きました。

現代は、神が死に、神でないものが神の位置にいる時代であり、世俗化した無神論は大きな課題です。次章では、フロマートカが生きた時代のチェコのキリスト教を通し、この課題にどう我々は向き合えばよいかを見ていきます。

第三章　近代チェコ史から見る民族、国家とキリスト教

オーストリア゠ハンガリー帝国からの脱却

ではフロマートカが生きた近代のチェコ史を振り返り、チェコのキリスト教会がどのように活動していたかを見ていきましょう。

1918年　第一次世界大戦終結。マサリクを初代大統領とするチェコスロヴァキア政府設立、独立宣言を行う。

1920年　チェコスロヴァキア共和国（第一共和国）成立。

1938年　ミュンヘン協定締結。チェコスロヴァキアのズデーテン地方をドイツに、テッシェンをポーランドに割譲。チェコ゠スロヴァキア共和国成立（第二共和国）。

1939年　第二次世界大戦勃発。ボヘミア、モラヴィアがドイツの占領下に置かれる（ズデーテン割譲）。

1940年　ロンドンに亡命政府（ベネシュ政権）樹立。

1945年　第二次世界大戦終結。ロンドンの亡命政府が帰国し、チェコスロヴァキア共和国（第三共和国）復活。
1948年　共産党とそれ以外の政党の争いが激化。「二月事件」（共産党の無血クーデタ）によって社会主義国となる。
1960年　チェコスロヴァキア社会主義共和国に改称。
1968年　「人間の顔をした社会主義」をスローガンとした改革（プラハの春）が行われるも、ソ連率いるワルシャワ条約機構軍の侵攻により挫折。

1918年に独立宣言をしたとき、チェコスロヴァキアのキリスト教信者の8割はカトリックで、2割がプロテスタントでした。しかしマサリクをはじめ独立運動を主導した人々はプロテスタントでした。なぜかというと、カトリックのままでは、カトリックが国教であったオーストリア＝ハンガリー帝国という、それまでの軛《くびき》から脱することができないからです。そしてプロテスタントのルター派と改革派（カルヴァン派）が、チェコ兄弟団福音教会という合同教会をつくりました。チェコのルター派も改革派も、チェコスロヴァキアの建国を、フス派の宗教改革の復興という形で捉えていたからです。

16世紀の宗教改革を原点とするのであるなら、フス派の復興という発想にはなりません。ドイツは基本的にルター派、その周縁部であるオランダ、ハンガリー、フランスは改革派が強い。もちろん、ツヴィングリとカルヴァンが活動した地スイスは改革派が主流です。それではフスの宗教改革の持ち味が、チェコ独自の歴史が持つ意義が薄れてしまう。そこで、チェコ兄弟団福音教会は、教会の制度において、スコットランドの国教会（長老派）を参考にしました。

ちなみに、長老派の教会制度は、間接民主制の選挙制度の元になっています。まず、各教会は、教会員の過半数を取るまで選挙を行い、長老を選びます（小会）。選ばれた長老たちが中会を組織し、互選をして、シノドという総会（大会）に人を送り出し、大会の議決が教会全体を拘束するという運営方法です。

ナチズムの台頭

チェコ兄弟団福音教会の信者は、1918年の独立宣言時に16万人であったのが、建国後の22年には約22万人に増えました。独立後の希望に満ちた楽観的なムードも一因ですが、信仰上の理由で入ったのでは必ずしもなく、プロテスタント教会に属していること＝チェコ社会のエリート、であったことに起因しています。信徒が多くなれば、当然、教会も増えていきます。だけれども、世俗的な恩恵を目当てに入っている人が多いので、教会には真面目に通いません。

こうして、ターボル派の歴史から出発したにも拘わらず、チェコ兄弟団福音教会のメンバーには社会のエスタブリッシュメントが増えていきました。ターボル派は私財を捨てて共有し、貧しい者、虐げられた者と共にいるという共産主義的な生活をしていたのに、チェコ兄弟団福音教会は知的な小市民をベースとした教会になってしまったのです。

チェコのプロテスタント教会の小市民化した姿勢は、ドイツでヒトラーが登場した際にも、マルクス主義、共産主義への恐怖から消極的な行動を取ることになります。

1930年代初めのドイツには、ふたつのマルクス主義政党がありました。ひとつは社会民主党、もうひとつはロシア革命後にできた共産党です。社会民主党はナチスに批判的でしたが、共産党はナチスと一時期、共闘したことがあります。1933年にヒトラーが首相に任命され34年に国家元首となり、事実上の独裁者となります。しかし、チェコのプロテスタント教徒の大多数は、ナチスに抵抗感がありつつも、社会民主党や共産党が政権を取ると私有財産を持てなくなる共産主義社会になるのではないかと恐れていました。

フロマートカは教会のこのような状況に強い危機感を持っていました。無神論を掲げ宗教に敵対的な姿勢を取る共産主義にキリスト教徒が操られる危険性は小さい、むしろ教会の味方のような顔をしているナチズムの方が危険である、と考えました。

事実、第一次世界大戦後、伝統的なキリスト教的・ドイツ的価値が崩壊しつつあったドイツに登場したヒトラーに、ドイツのキリスト教徒の大多数がキリスト教的な意味を見出します。神学者ですら、ナチスの人種主義、反ユダヤ主義を正当化する理論的な下支えをするようになり、ルター派神学者エマヌエル・ヒルシュは、アーリア人種には特別の啓示があり、アドルフ・ヒトラーがその啓示を体現していると論じました。また、ドイツの代表的な神学者であったパウル・アルトハウス、ゲルハルト・キッテルもナチスに魅了されました。ドイツの神学者たちがナチスに取り込まれてしまったのは、ルター派には、地上の被造物に神の意志を読み込む「創造の秩序」があり、「二王国説」という、神は為政者を用いて地上の王国（国家）と霊的な王国（教会）を治める、という教義があることも影響しています。ここからは、国家は「創造の秩序」に基づいて立てられた権威であるがゆえに教会は干渉しない、第一次世界大戦の莫大な賠償金に苦しむドイツにヒトラーが登場したのは神の啓示の表れだ、といった筋が、簡単に組み立てられてしまいました。

小市民化したチェコ教会

フロマートカは、ナチスに否を唱えることができないドイツの教会も、共産主義よりナチスの方がましだと考えるチェコの教会も、内的な生命を失っていると考えました。教会は、ファシズムとナチズムが台頭してきても、脅威とは思わず、共産主義を恐れていました。ドイツのキリスト教徒たちがナチズムを支持していることはチェコ人にとって不気味でしたが、共産主義に対抗するという意味ではまだましではないか、豊かな社会を維持して、個人や家族の幸せな生活を維持するのが文明的な生活であり、キリスト教的な生活ではないか、と中産階級を基盤とするチェコのプロテスタント教会は思っていたのです。これに対してフロマートカは、公に無神論を掲げる共産主義国家よりも、チェコやドイツのようにキリスト教を掲げながらも内心は神を信じていない方が、より深刻な無神論ではないかと考えました。イエスは貧しい者、虐げられた者と共にいたのにプロテスタント教会は市民社会と同化し、エリートだけを仲間とし、労働者は視界に入っていなかった。それだから労働者に寄り添う形で、無神論の共産主義が生まれた――フロマートカは、キリスト教徒が本来やるべきことをやらなかったから共産主義は生まれてきたという信仰の課題として、共産主義を受け止めました。

1934年にフロマートカが発表した「チェコ福音主義者の道」には、彼の危機感がよく表れています。

マサリクのリアリズムは公共の環境が進歩した点で福音主義者を助けた。しかし、彼らを宗教的または教会的に助けたかどうかは必ずしも明らかでない（中略）〔福音派の教区は〕時にファシスト色の狂気に行きつく社会的身分の保守主義と政治的な怒りに屈しつつある。チェコの福音主義者は、社会的および政治的進歩の前線において、先頭に立つ戦士ではなくなりつつある。

（『宗教改革から明日へ』226ページ）

反ナチス運動を支えたパウロの手紙

チェコでは、ナチスの圧政が、他のヨーロッパ諸国よりも早く始まります。1938年、フランスとイギリスがヒトラーに妥協したことでチェコ北部のズデーテン地方が割譲され、ドイツに併合されました。ズデーテン地方はもともとドイツ人が多く住んでおり、ズデーテン・ドイツ党というドイツ人政党がチェコからの分離とドイツへの併合を求めて活動していました。ドイツに併合された後は、党員の多くがナチスに流れます。保護領になったズデーテンは外交権が剝奪され、高等教育機関や神学校も閉鎖されました。背景には、スラヴ人は劣等人種で従属民族だから高等教育は必要ない、というナチスのイデオロギーがありました。ベネシュ大統領をはじめチェコの指導部はロンドンに亡命し、共産主義者はモスクワに亡命します。

チェコ亡命政府は、イギリス政府と組み、ボヘミア・モラヴィア保護領の統治者であったナチス高官ラインハルト・ハイドリヒを1942年に暗殺します。そして亡命政府は共産党と協力して対ドイツ抵抗闘争を戦い、44年8〜10月にはスロヴァキア国民蜂起が起こり、プラハでもゲリラ戦が続きます。

このような事態に直面して、チェコのキリスト教会に変化が生まれました。それまで、市民社会での道徳的な生き方の説教を中心にしていたのが、このような動乱の世界を生き抜くにはどうすればよいかを真剣に考えるようになったのです。そして、教会は、旧約聖書の世界に深く入っていくことになりました。旧約聖書の時代は、救世主であるイエス・キリストが現れる前、ユダヤ人が流浪の民となり、苦難に直面していた時代です。旧約聖書に登場する預言者の言葉に触れ、預言者の生きていた時代を考えることによって、いま起きている状況をどう理解すればよいのか、チェコに降りかかってきた苦難にはどのような意味があるのかを考えたのです。

結果、チェコのキリスト教会も、ナチズムは反キリストであるとして抵抗運動を展開し、運動に携わった多くの人間がダッハウの絶滅収容所に送られました。しかしドイツのような、迎合するキリスト教運動は生まれませんでした。

このように、苦難を経由し、結果として自由を獲得するというチェコ・キリスト教会の歩みには、プロテスタント神学の根幹がよく表れています。

パウロは「苦しみにあずかって」いることが救いの根拠であると「フィリピの信徒への手紙」3章で述べています。

あの犬どもに気をつけなさい。悪い働き手たちに気をつけなさい。形だけ割礼を受けた者に気をつけなさい。神の霊によって礼拝し、キリスト・イエスを誇りとし、肉を頼みとしない私たちこそ真の割礼を受けた者です。とはいえ、肉の頼みなら、私にもあります。肉を頼みとしようと思う人がいるなら、私はなおさらのことです。私は生まれて八日目に割礼を受け、イスラエルの民に属し、ベニヤミン族の出身で、ヘブライ人の中のヘブライ人です。律法に関してはファリサイ派、熱心さの点では教会の迫害者、律法の義に関しては非の打ちどころのない者でした。しかし、私にとって利益であったこれらのことを、キリストのゆえに損失と見なすようになったのです。それればかりか、私の主イエス・キリストを知ることのあまりのすばらしさに、今では他の一切を損失と見ています。キリストのゆえに私はすべてを失いましたが、それらを今は屑《くず》と考えています。キリストを得、キリストの内にいる者と認められるためです。私には、律法による自分の義ではなく、キリストの真実による義、その真実に基づいて神から与えられる義があります。

私は、キリストとその復活の力を知り、その苦しみにあずかって、その死の姿にあやかりながら、何とかして死者の中からの復活に達したいのです。

（「フィリピの信徒への手紙」３章２〜11節）

パウロは、ベニヤミン族の出身で、厳格なファリサイ（パリサイ）派の中心にいました。ファリサイ派に属していた頃の名は、パウロではなくサウロでした。当初は、イエスを救い主と信じる人々に対し弾圧を加える側でしたが、ダマスコへの途上において、サウロは天からの光に打たれてイエスの声を聞きます。その結果、回心します。このサウロに外部から働きかけ、ファリサイ派のサウロをキリスト教徒のパウロに質的に変化させた力が、キリスト教で言う聖霊です。

繰り返し述べていますが、原罪のある人間が自力で救済されることはありません。正しいことを為す義、それも人間に備わっているものではありません。信仰に基づいて、神から一方的に恩恵として与えられるものであり、それは聖霊の力によって与えられます。

聖霊に満たされた人には、地上における価値の逆転が起きます。それだから、人間が直面する苦難がキリスト教徒にとっては自由に転換するのです。第二次世界大戦中のチェコのキリスト教会の道のりは、キリスト教徒から見るならば、聖霊の力が働いたと言えるでしょう。

ドイツとチェコの神学の違い

なぜ、このように、ドイツとチェコの歩みが違ってしまったのでしょうか？　反ユダヤ主義要素が強いルター派の影響もありますが、両国にとって、第一次世界大戦の結果が違ったことも関係しています。ドイツは負けて、オーストリア＝ハンガリー帝国が敗北し、解体した結果としてチェコは悲願だった独立を達成した。ドイツ人にとって、敗戦は、神の裁きに見えました。一方、チェコ人には神が味方してくれていたように見えました。チェコにとって、第一次世界大戦は解放だったのです。

神学においても同様で、チェコ神学では、第一次世界大戦に肯定的な価値観が付与され、ドイツ神学では否定的な価値観が付与されました。

社会主義体制下のキリスト教

第二次世界大戦後、チェコスロヴァキアは社会主義体制になっていきますが、大戦直後は、極めて特殊な社会主義国の道を歩みます。

他の東ヨーロッパ諸国、ポーランド、ハンガリー、ブルガリアとルーマニアはソ連軍によって解放され、以後、ソ連の強い影響の下で共産党政権が樹立されたのに対し、チェコスロヴァキアは、西部がアメリカ軍、プラハを含む東部がソ連軍に解放されました。こうした経緯があるため、チェコには、ナチスに抵抗して戦った共産党系と資本主義系の両方から成る連合政権が発足しました。そして、自由選挙を行い、共産党が第一党となります。

しかし徐々にソ連と西側諸国の対立が深まるにつれ、チェコスロヴァキアの情勢も変わっていきました。閣内での共産党系と資本主義系の対立が激化し、１９４８年２月、共産党が無血クーデタを行い（二月事件）、結果、共産党単独政権になります。当初は東西どちらにも属さなかったチェコスロヴァキアがソ連の支配下に置かれることが明確となったことに、西側諸国は強い危機感を持ち、翌月にヨーロッパの安全保障協力を謳《うた》う「ブリュッセル条約」、49年に北大西洋条約を締結することになります。

このような変化が起きた中で、チェコのキリスト教会はどういう対応をしたのでしょうか？　それを知るのによいテキストが、『宗教改革から明日へ』に収録されている、「自由への奉仕」という章です。執筆者は、フロマートカの弟子のB・ポスピーシル（1905－59）です。彼は第一チェコスロヴァキア共和国でフロマートカの下で学び、スイスに留学して宗教社会学者レオンハルト・ラーガツの影響を受け、帰国後は社会主義体制との折り合いをつけていく神学を組み立てた人です。それだから、1989年のビロード革命以降はチェコ教会史の汚点のように扱われてしまっている人なのですが、「第二次世界大戦後の教会の歩み」をこのように綴っています。

第二次世界大戦後、チェコの福音教会は、経済、政治、文化の領域における、歴史および神学のまったく新たな状況への大きな変化の影響にさらされた。

（中略）

一九四五年の出来事、ヒトラーのドイツの崩壊、ソ連軍による我が国の解放、一九四六年の国会の選挙での共産党の勝利、これらすべては、今日の出来事を単に表面的に見る視線に不満を抱いていた人ひとりひとりに、国民の歴史の新しい時代が教会をも新しい課題の前に立たせるだろうと予感させた。共産党が民族戦線の政治要素のリーダーになり、人民民主主義体制が国の憲法によってしっかりつなぎとめられた一九四八年を境に、教会の環境はいわゆるミュンヘン会談前の共和国の状況とはまったく違うものになった。国家と教会の関係を新たに調整した法（一九四九年の教会法）は、新しい状況を表現したものにすぎなかった。これは教会が新時代に入り、教区と神学の務めに幅広く影響を受けることを、各自に確信させるものであった。

（『宗教改革から明日へ』２６８〜６９ページ）

『宗教改革から明日へ』が刊行されたのは、チェコの共産化から8年後の1956年です。この年にソ連でスターリン批判がありました。チェコ社会が変化しつつある過程についての進行報告でもあるので、政治的な文脈が重要になります。

政治的な概念の「東ヨーロッパ」

ポスピーシルの文章に書かれている「人民民主主義」とは何でしょう？　これを理解するには、ソ連との関係で読み解くことが必要です。

2020年現在、アジアに「人民民主主義」の国があります。そう、朝鮮民主主義人民共和国（北朝鮮）です。すなわち普通の民主主義ではなくて、人民が権力を持っている民主主義国ということです。

北朝鮮は、労働党（共産党）、社会民主党、天道教青友党の三党による連立政権という建前をとっています。しかし、実質的には共産党体制であり、国際基準での民主主義国家ではありませんが、同じように共産党体制であったソ連と比べてみると違いがわかります。ソ連は、共産党の一党独裁制国家でしたが、北朝鮮は政党が三つあります。ちなみに、天道教青友党は、歴史の教科書に載っていた「東学党の乱」を起こした東学党の政党です。

同じように、冷戦時代はソ連陣営の国として一律に見られていた「東ヨーロッパ」も、ひとつひとつの国家を見れば、ソ連とはまったく違う体制で運営されていたことがわかります。

たとえばソ連は基本的に一党独裁国家でしたが、東ドイツ（ドイツ民主共和国）には、ドイツ共産党が母体である社会主義統一党の他に、地主を中心とした農民党、中小企業経営者が主体の自由民主党、カトリック、プロテスタントのキリスト教徒が加盟するキリスト教民主同盟、そしてナチスの元党員や国防省出身者から成る国民民主党がありました。

他にも、ソ連では宗教団体は激しい弾圧を加えられましたが、東ドイツとポーランドでは、各大学に神学部が存続していました。街のカフェに行っても、ソ連ではメレンゲの四角いケーキと丸いチョコレートケーキしかなかったのに対して、チェコやハンガリーはケーキの種類も豊富で、家族経営のカフェもありました。

つまり、ソ連に比べると、「東ヨーロッパ」諸国は西側に近かったとも言えます。そのおかげで、東西冷戦が長期間続いたにも拘わらず、ヨーロッパでは、戦争が起きなかった。つまり、東ヨーロッパ諸国は、ソ連にとって、戦略用語で言う「バッファ」国家だったのです。

緩衝《かんしょう》地帯を必要とするロシア

「バッファ」には、牧草地、緩衝地帯という意味があります。ロシアは現在も、国境線による安全保障を信用していません。国境線があっても、侵攻される可能性があるからです。これは13世紀に起きたモンゴル侵攻（モンゴル＝タタールの軛《くびき》）以来の安全保障観です。

そのため、ロシアは国境線の外側に、常にロシア軍が自由に行動できる領域を必要とするのです。これが「バッファ」です。1854年に日本とロシアで国境が確定されたときのことを考えてみるとよくわかります。国境線は、得撫《ウルップ》島と択捉《エトロフ》島の間に引かれましたが、サハリンに関しては従来のままという、日ロ混住の地としました。つまり、サハリンがバッファになったのです。

読者には、東ヨーロッパを地理的な概念として捉えている人がいるかもしれませんが、たとえばウィーンとプラハでは、プラハの方がかなり西に位置しています。東ヨーロッパとは政治的な概念であり、西側世界とソ連の間にある領域、バッファを指していたのです。

裏を返せば、このようなバッファ国家をつくらないと、ソ連を安定した形で維持することができなかったとも言えます。満州国も、バッファ国家でした。満州国を承認している国は、日本と同盟関係にあったナチスドイツとイタリアくらいでしたが、満州国のハルピンにはソ連の総領事館があり、ソ連のチタには満州国の領事館がありました。外交関係はなくても、領事関係は互いにあったのです。ということは、公には満州国の存在は認めていなくても、実はソ連は歓迎していたのです。もし満州国というバッファ国家がなくて、当時の日本領だった朝鮮とソ連の国境線が直に接触していたりすると、日ソ戦争になってしまう可能性が高かったからです。

現在、安全保障の専門家は、「新東欧」という概念を提唱しています。これは、ベラルーシ、ウクライナ、モルドヴァから成ります。旧ソ連の連邦構成共和国であり、いまは独立国家となって、ロシアとヨーロッパとの間に位置している国家群です。これが、ロシアにとっての新しいバッファ国家なのです。

ロシアを考えるときには、バッファ国家の存在を念頭に置かなければなりません。ロシアがモンゴルを併合しないままでいるのも、モンゴルがないと中国と衝突してしまうため、モンゴルをバッファ国家としているのです。ウクライナの内戦は、本来は西側諸国とロシアが戦争を起こしているということ。実際の衝突を避けるために、ロシアのバッファ地帯であるウクライナの内戦という形で表れているのです。

ポスピーシルは、第二次世界大戦後のチェコスロヴァキアが「人民民主主義体制」であると述べていますが、つまり、チェコスロヴァキアはロシアのバッファ国家だったのでした。

民主主義の弱点

戦前のチェコスロヴァキアは、理想的な民主主義国でした。初代大統領トマーシュ・マサリクは、チェコ兄弟団的なキリスト教的隣人愛の実践の下、国家とは、民族ではなく、信仰によって一致している契約共同体であると捉え、チェコ人とスロヴァキア人という別の民族が民主主義という共通の価値観によって結びつくと考えました。しかし、この理想的な民主主義のために、ズデーテン地方のドイツ人自治を認め、結果としてミュンヘン協定につながってしまいました。ここに、西側の掲げるデモクラシーの弱点が表れています。

チェコの挫折は、現在の世界状況にも通じます。アメリカ大統領にトランプのような人間が選ばれたのはなぜか。あるいは世俗主義的だったトルコで、エルドアン大統領がイスラム主義的で権威主義的な振る舞いをしているのはなぜか。ドイツのメルケル政権下で極右の「ドイツのための選択肢」が勢力を伸ばしているのはなぜか。民主主義の限界は、21世紀の現時点においても、決して過去の問題ではありません。特に新型コロナウイルス禍の影響を受け、グローバル化が後退し、国家機能が強化されています。この状況で民主主義が後退する可能性があります。

我々はどうすればよいのでしょうか？　ポスピーシルは、次のように述べます。

つまるところ自己の巡礼の性質を決して忘れてならない教会は、目的地を目指す道において、その地平線を形づくっていた山地の尾根にたどりついた巡礼者の状況になったのである。巡礼者が山頂にたどりついてみたら、目の前に新しい、思いもよらなかった世界が開けたわけである。このような場合、巡礼者はまず驚いた後に、すぐに後ろを振り返り、またこの先の未知の土地を調査して、注意深く念入りに行く方向を定め、克服しなければならない障害や課題を突き止める。日中の暑さの中で、足取りがふらつき、視線の鋭さを失い、そそのかされるまま、より歩きやすいが人を惑わす悪の道に踏み外しそうになるような、この先の道において、助けになる点、方向づけになる点を選ぶ。彼がこんなことをするのは、巡礼者であって、目的のない放浪者ではないからである。教会も(決してカイン的な伝統でなく、牧夫の伝統を担っているゆえに)、歴史の分岐点において(もちろんレベルは違うが)、同じように振るまうべきである。そのように振るまわないなら、より用心深い、慎重な視線で眺めるべきである。

なぜなら相変わらず歴史の分岐点の状況は続いているからである。
（『宗教改革から明日へ』270〜71ページ）

キリスト教にとって「巡礼」という考え方は、非常に重要です。神学には「巡礼の神学（旅人の神学）」という概念があり、ひとつところに留まっているのではなく、常に変容していくという性質があります。「山頂にたどりついてみたら、目の前に新しい、思いもよらなかった世界が開けた」とは、巡礼者の体に変化が起きているという意味です。ポスピーシルは、いままでと同じように歩いていたらこの山は登れない、パラダイム転換がいま起きているという時代認識を持たなければいけない、ということを言っているのです。このパラダイム転換のことを、神学的な概念で表すと「時《とき》の徴《しるし》」になります。

北東アジアに起きているパラダイム変化

たとえば現時点において北東アジアではパラダイム変化が起きています。この変化は、まず第二次世界大戦後の１９５０年、朝鮮戦争を契機に起きました。１９５3年に休戦し、38度線の軍事境界線ができて、朝鮮半島の分断が為された。アメリカを主体とする多国籍軍、朝鮮国連軍と、朝鮮民主主義人民共和国の人民軍、中国の人民解放軍の義勇兵との間で戦いが起きたわけですが、これまでは北朝鮮の暴発によって朝鮮戦争が起きたという見方が主流でした。しかし、ソ連の秘密文書が公開され、実は金日成《キムイルソン》が密かにモスクワを訪問し、スターリンの了承を得てから朝鮮戦争が始まったことが裏付けられました。朝鮮戦争の本質は、共産主義陣営と資本主義陣営の戦いだったのです。この構造は、基本的に現在まで変わっていません。

世界のパラダイム変化は、まず、１９４８年2月、チェコスロヴァキアの共産化によって始まった東西の冷戦です。冷戦は、１９８９年11月のベルリンの壁の崩壊を端緒に、最終的には91年12月のソ連の崩壊をもってヨーロッパでは終了しましたが、北東アジアではタイムラグがあり、いま、ようやく東西冷戦体制が解消されつつあります。この激震は、中国とアメリカの台頭、朝鮮半島におけるナショナリズムの強化を引き起こすことになりますが、これを理解するには、地政学（geopolitics）

の知識がなくてはいけません。

地政学から見る北朝鮮・韓国・日本

地政学は、政治における地理の役割を重視し、国家のあり方を見ていく学問です。ナチスドイツの公認イデオロギーだったため、第二次世界大戦後は注目されることはありませんでしたが、厳然として国際政治を動かす大きな役割を果たしています。

地政学の大原則は、まず山は人々を遠ざける要因となり、海と川は人々の交流を起こす要因と見ることです。そして国家はふたつの形態を取ります。ひとつは大陸国家といい、領域支配の拡大によって影響力を強めていき、バッファをつくることを重視します。典型的な大陸国家は、ドイツやフランス、ロシアです。もうひとつは海洋国家で、領域支配ではなく、ネットワークをつくり貿易をすることで影響力を拡大していきます。日本、イギリス、アメリカは海洋国家です。

朝鮮半島はどちらでしょう？　半島国家にはどちらの要素もあるので、北朝鮮は大陸国家でもあり海洋国家でもあります。しかし、韓国は海洋国家です。地理的には半島にありますが、1953年にできた北緯38度の軍事境界線があるため、北に行くことができません。軍事境界線は大きな海のようなもので、韓国は軍事境界線のため大陸から切断されており、地政学的には海洋国家です。それだから韓国は、1953年からアメリカや日本と同じように貿易を重視してネットワークをつくっていくという発展の道を取りました。

もし今後、トランプと金正恩《キムジョンウン》の交渉がうまくいき、朝鮮戦争が終結すると、38度線がなくなります。イコール南北朝鮮の統一とはなりませんが、自由に人や物、金が行き来できるようになるので、海洋国家だった韓国は本来の半島国家になり、大陸的な要素を取り入れることになります。具体的に言うと、大陸でひと続きである中国に引き寄せられていくのです。こういった地政学的な変化が起きると、北東アジアの冷戦構造が完全に崩れ、中国、北朝鮮、韓国が連携するようになります。いま日韓の関係が悪化している背景には、地政学的な構造変化が起きつつあることが関係しています。

アメリカはトランプ流「アメリカファースト」の立場ですから、アジア・太平洋から徐々に引いていく。代わりにアジア圏における中国の影響力が拡大するため米中衝突が本格的になり、朝鮮半島は中国に引き寄せられて日本と対峙するという状況になっていきます。このような状況に対して、日本はどうすればよいでしょうか？

我々は「時の徴」に気づかなければいけません。なぜ、いま1948年から56年の東ヨーロッパの動静について学ぶのかと言うと、構造が大きく変動する時代に、国家はどのように変化していったかの先例を見ることで、今後の日本をアナロジカルに見ていくことができるからです。過去のチェコスロヴァキアのことではなくて、現在の日本のことを考えているという問題意識の下に見ていかなければなりません。国際政治の問題であると共に、人間の思考の鋳型《いがた》の問題だから神学的な問題でもあるのです。

欧米はキリスト教共同体

西ヨーロッパには、「コルプス・クリスティアヌム」の伝統があります。これはラテン語で「キリストの体」という意味で、キリスト教共同体を指します。アメリカにも輸出されているので、欧米的な考え方の源にあると言っていいでしょう。

これは三つの原理からできています。ひとつ目はユダヤ・キリスト教の伝統（ヘブライズム）、ふたつ目はギリシア古典哲学の伝統（ヘレニズム）、三つ目はローマ法の伝統（ラティニズム）です。この三つが合わさって、一種の合金《アマルガム》になっています。近代の世俗化とともに、欧米人の深層心理にはコルプス・クリスティアヌムだけが人間文明だという刷り込みがなされました。

しかし、現在の日本は、コルプス・クリスティアヌム的な要素が、強いて言うならばひとつしかありません。明治期から敗戦までには、ユダヤ・キリスト教の伝統と同じ、一神教的なるものがありました。大日本帝国憲法に明示されていた天皇です。この天皇のモデルはプロイセンで、プロイセンでは王が正しいキリスト教信仰の保持者だったため、第二次世界大戦前の天皇には、ユダヤ・キリスト教的な一神教の伝統が人為的に注入されたのです。しかし、いまの天皇には唯一神的な、超越神的な要素はまったくありません。同じく、日本にはギリシア古典哲学の伝統も希薄です。どの大学の文学部にもだいたい哲学専攻はありますが、ギリシア語は必修ではありません。それに対して、ローマ法の影響は極めて強く、たいていの大学で偏差値が高いのも法学部です。それだから、日本人は国際社会に出た際に、法的なコミュニケーション、ラティズムの世界を通じたやり方を取るしかありません。

しかし、東ヨーロッパは、ビザンティン（東ローマ）帝国の影響下にあったので、ローマ法の伝統が欠けています。東ヨーロッパはラティニズムはよくわからないし、日本はヘブライズムとヘレニズムはよくわからない。そうなると東ヨーロッパとの交渉のツールがないのです。

欧米では、日本のビジネスマンや外交官は、仕事は一緒にできても、個人的な付き合いにまで進展しないとよく言われます。ローマ法の範囲内、つまりテクネー（技術）の範囲内でしか話ができないというのです。外交交渉や実務交渉といったテクニカルな面には長《た》けていても、根本的な教養が欠落しているため、欧米人と腹を割った話し合いができない。欧米人にとって、教養は、コルプス・クリスティアヌム的な文化総合の中から生まれてくるわけです。それだから日本は、国際社会において、本質的な意味での仲間に入れてもらうことができません。

帝国主義的キリスト教の終焉

コルプス・クリスティアヌムは、キリスト教と社会が一体化することによって成立します。そのためには、歴史のどこかで、キリスト教の与党化が必要です。反体制宗教であったら、国家システムの中に入れず、共同体をつくることが叶わないからです。

一般的には、コンスタンティヌス帝がキリスト教を公認した313年のミラノ勅令《ちょくれい》を、キリスト教が国と一体化する分水嶺《ぶんすいれい》と見なします（世界の標準的なキリスト教史の教科書では、最近の実証史学の研究をふまえて、すでにキリスト教が広く信じられていた状況をコンスタンティヌス帝が追認したにすぎないということで、ミラノ勅令は強調されていません）。

しかし、キリスト教信仰とは、あなた自身の十字架を背負う、あなた自身が悔い改めることで、個別的な問題です。「民族」や「国家」としての信仰ではありません。

あえて言うなら、教会政治と結びつきやすいので、ルター派にはそういった傾向もありますが、あくまでも信仰とは、神の前に呼び出されて生じる個人的なものです。キリスト教徒が多い民族というのはあるかもしれませんが、キリスト教民族は存在しません。キリスト教国家は存在しません。キリスト教徒が国家運営をしているという状況は生じますが、キリスト教経済も存在しません。経済活動にキリスト教徒が従事していることはあっても、キリスト教経済も存在しません。

欧米のように、キリスト教を前面に押し出す民族が世界をリードする地位を失いつつあります。帝国主義と結びついたキリスト教の終焉であり、313年のミラノ勅令以降、体制に内在化して権力の一種のサブシステムになったあり方の終わりなのです。東ドイツの牧師ギュンター・ヤコプは、このキリスト教と国家が一体化した時代を「Constantine era（コンスタンティヌス帝の時代）」と名付け、このシステムの終わりを「post Constantine era（コンスタンティヌス帝以後の時代）」と位置付けました。

カール・バルトやヨゼフ・フロマートカはこれを重視して、コンスタンティヌス的な、国家と教会が結びついて、国家のサブシステムに教会がなる時代が終わりつつあり、世俗化が進んでいる状況に対してどうすべきかを考えました。西側では表面上キリスト教を掲げ、自分たちはキリスト教的民族だと言いながら、信仰は空洞化しています。社会主義国は、無神論の国家であることによって、宗教を周縁的なところに追い込んでいます。いずれにせよ、コンスタンティヌス帝的な時代が終わり、教会と国家の癒着が脱構築されつつあるコンスタンティヌス帝以後の時代において、どうすべきなのでしょうか？

民族、国民国家の誕生

フロマートカは「コンスタンティヌス帝以後の時代」をさらに深め、無神論者にとっての福音という概念を構築しました。イエス・キリストは、キリスト教徒にとってのみの救い主ではなく、他の宗教を信じる人、宗教・神を信じない人にも救い主である、という構成です。

聖書の中でも重要な「三つの誘惑」に、それが示唆されています。

さて、イエスは悪魔から試みを受けるため、霊に導かれて荒れ野に行かれた。そして四十日四十夜、断食した後、空腹を覚えられた。すると、試みる者が近づいて来てイエスに言った。「神の子なら、これらの石がパンになるように命じたらどうだ。」イエスはお答えになった。
「『人はパンだけで生きるものではなく
神の口から出る一つ一つの言葉によって生きる』
と書いてある。」
次に、悪魔はイエスを聖なる都に連れて行き、神殿の端に立たせて、言った。
「神の子なら、飛び降りたらどうだ。
『神があなたのために天使たちに命じると
彼らはあなたを両手で支え
あなたの足が石に打ち当たらないようにする』

と書いてある。」イエスは言われた。「『あなたの神である主を試してはならない』とも書いてある。」

さらに、悪魔はイエスを非常に高い山に連れて行き、世のすべての国々とその栄華を見せて、言った。「もし、ひれ伏して私を拝むなら、これを全部与えよう。」すると、イエスは言われた。「退け、サタン。

『あなたの神である主を拝み
ただ主に仕えよ』

と書いてある。」そこで、悪魔は離れ去った。すると、天使たちが近づいて来て、イエスに仕えた。

（「マタイによる福音書」４章１〜11節）

この話から導かれるのは、この世の中を支配する、権力を握ることとの根っこには悪魔性があるということです。キリスト教的な国家とか、キリスト教的な政治は、成立し得ない。キリスト教徒が政治に従事する、または国家官僚として働くことはあっても、キリスト教的な国家、キリスト教的な政治はありません。キリスト教を特定の文明、特に欧米文明と同一視しないことが重要で、コルプス・クリスティアヌム的状況を打破しなければならないのです。

しかし、日本では明治期に文明開化と共に近代化されたキリスト教が入ってきてしまったため、キリスト教が一種の文明のツールに見えてしまうことがあります。キリスト教民族、キリスト教国家といった概念は、『沈黙』に描かれていたように帝国主義、植民地主義と結びつきます。信者を殉教に追い込み、寺や神社を焼くといった暴力性のあるもので普遍的な唯一の秩序を実現しようとするスタイルは、現在で言うならば新自由主義的なグローバリゼーションに近いところがあります。

本来、プロテスタントは、カトリックのような形での帝国主義には敏感であるはずなのに、プロテスタントが主流であるドイツ、イギリス、オランダ、アメリカも、自分たちはキリスト教民族だという自己意識を持ち、福音を全世界に宣教するという名目の下で文化帝国主義的になってしまった。その文化帝国主義は簡単に自国の帝国主義と結びつきます。

宗教改革によって民族意識が生まれ、ネイション＝ステート（国民国家）が誕生し、近代への扉が開かれましたが、裏を返すならば、民族や国民国家にどう応対すればよいかというのは、近代以降の課題でもあるのです。

国家は性悪説で組み立てる

マルクス主義は、国家を暴力装置であると捉えます。ただし、人間の生産力が高くなり、誰もがほしいと思うものを入手できるぐらいに物質的に豊かになって、初めて国家がない共産主義社会が実現すると主張します。それですから、共産主義社会が実現するまでは、能力・働きに応じて生産を分配する必要があり、分配の規制をするために国家は必要になります。

レーニンは、ソヴィエト国家は完全な国家ではなくて半国家である、と言いました。すでに人民を搾取、抑圧する国家は廃絶されているけれど、周辺に帝国主義国があるから、結果として国家という形態を持たなければいけない。国家の廃絶を目的とする過渡的な国家であるという考えです。共産主義革命を全世界で起こし、国家を廃絶する目的のためにつくられた善意の国家であるということです。

ヨーロッパの伝統では、国家は基本的に悪であると捉えます。キリスト教的な原罪観の影響があり、人間がつくり出した国家には悪があり、その悪が暴走する可能性がある。それだから、権力を分離させる必要が出るのです。

それに対して、ソ連をはじめとする社会主義国や北朝鮮のような人民民主主義国家において、原理的に国家には悪の要素がありません。ナチス国家もそうです。ドイツ民族の生命体を表しているから、その国家には悪はないのです。悪がない国家は、よい目的の下に行っているという論理で動くので、必ず暴走します。性善説で組み立てる国家ほど恐ろしいものはありません。

実際のマルクス・レーニン主義国家は科学的無神論を掲げたので、宗教からは分離されました。しかし人民はまだ進歩しきれずに迷信を信じているから、その迷信を信じる権利を認めるという形で、宗教を認めました。この共産主義的な価値観とキリスト教の価値観が相容れることはありません。それだから、神学者のエミール・ブルンナーが共産主義を叩き潰さなければいけないと言ったのに対し、カール・バルトは、キリスト教徒にとって共産主義は何の魅力もないものだから、このイデオロギーに引き寄せられるという誘惑は原理的に存在しないと主張しました。世俗的な出世のために、国家となあなあの関係でいこうと共産党に接近するキリスト教徒はいても、ナチズムの中に神の意志を見出し精緻な神学を構築していくというような誘惑が共産主義には存在しません。ナチズムは反カトリックであるからこそ、プロテスタント教会には魅力があるものだったのです。

第四章　フス宗教改革の遺産

「あの世」ではなく「この世」の宗教

では、ここからは、具体的にフロマートカの言葉を『宗教改革から明日へ』から引用して読み解いていきましょう。これまでの章で触れてきたキリスト教神学のおさらいにもなります。

福音は、私たちが理解する通り、また説明を試みてきた通り、神が人間を追いかける道についての預言を扱っている。モーセの書の創世記からヨハネの黙示録まで、聖書全体には以下のひとつの基本的なテーマが通底している。真理と慈悲の神である主は、その永遠かつ近寄ることのできない栄光の中に留まっておらず、人間を追いかけて人の喜びや悲しみのもとへ、特に人間の貧困、堕落、絶望の元へ赴く。人間のあらゆる具体的な場へ、つまり、あなたのところへ、私のところへ、家族のところへ、私たちの生活のあらゆる領域へ赴く。神の言葉が伝えられている場所だけでなく、言葉について誰も知る者がいないところ、誰も知りたいと思っていない場所へも赴く。神は信仰告白者を、神の言葉を信じた者を、神の言葉に仕え、その道を理解する者を信頼する。いかに神にとって人間が大切か、いかに神が人間を求めているか、いかに神が慈悲を人間に与えるか、いかに神が人間を自由な、喜ばしい、愛情深い、忠実な息子や娘にしたいと思っているか、これらの証言を、信仰告白者が語り伝え、自分の人生によって伝えてくれることを信頼する。人間を、人間性に満ちた真の人間にしたい、人間の能力を発展させたい、人間の目と耳を開かせたい、眠りと倦怠感から揺り起こしたいのである。人間に真の尊厳を取り戻させ、愛を増やし、創造主との間の障害を取り除きたいのである。

（『宗教改革から明日へ』366ページ）

これはキリスト教神学で言う「受肉」という考え方です。神が神のままに留まらず、最も悲惨な深淵にいる人間を救うために、イエス・キリストとなってこの世界に現れた「受肉」によって、すべての人間が救われることができると、キリスト教では考えます。
人間には原罪があります。承認されたい、偉くなりたいといった欲望に囚われ、他人に対して閉じている頑《かたく》なな人間の心を解きほぐすことは、罪がある人間自身にはできず、外部からの力が必要となります。その外部の力とはイエス・キリストであり、イエス・キリストと人格的に出合うことから生じてくるという考え方です。

福音は、神、そして神の語り尽くすことのできない慈悲深さと正義についての力強い預言である。しかしまた、人間について、何のために神が人間をつくったのか、本来の罪を負う人間が現実には何であるのかについての預言、つまり、堕落した人間性について、しかしまた栄光の定めについての預言でもある。イエス・キリストを信じることは、人間を、隣人を、どこにでもいて、その人の元に無限の愛に包まれた神自身が訪れる人を、常にしっかりと見つめることだということを忘れた人は、福音を理解できない。福音が新鮮に響くならば、いつでも霧は晴れ、大地には人間のすべてが、すべての貧困も栄光も具体的に露わになる。福音信者は、人々から逃げず、自分自身の孤独の中に隠れようとはしない。むしろ、内面的にも人々に近づくこと、彼らと真の共同体の中に生き、イエス・キリストが自身を人々への奉仕に捧げたように、人々への奉仕に捧げることを望む。福音は私たちの視線を、神だけでなく人間にも向けること、天だけでなく地にも向けることを同じように強調する。なぜなら、（すでに上述したように）神が人間を追って人の生き方の底辺にまで降りてくるならば、天への逃避は神そのものからの逃避になるからである。福音は、自身の利己的な関心のため、人間のいわゆる宗教の必要性を満たすために、あるいは自分の夢想による神々や小神、に帰依する人間の宗教を打ち壊す。福音は、真の神が人間になり、人間性の本質、堕落、さらにまた栄光を示すところへ連れていくために、人間を宗教から解放する。（『宗教改革から明日へ』３６６～６７ページ）

キリスト教は此岸性の宗教であるとフロマートカは考えました。此岸とは「この世」のことです。それだから、現実に我々の前にある貧困、病気といった苦悩を解決することがキリスト教徒には求められます。フロマートカは、此岸に対する彼岸、つまり「あの世」の救いを強調する宗教は、宗教としての機能を果たしていないと考えました。キリスト教は、この世の中は穢《けが》れているから究極的な救済は彼岸で受けるというものではなくて、此岸で、この世の中の実践的な解決を重視していく宗教です。

偶像崇拝から抜け出すには

また、この箇所には、宗教に対するラディカルな批判が表れています。いわゆる「宗教」は、人間が自分の願望をつくり上げてそれを拝む、一種の偶像崇拝です。仮にその宗教がキリスト教という名前であっても、偶像崇拝になってしまいます。それを脱構築していく力は超越的なもの、外部との出合いです。端的に言うと、イエス・キリストとの人格的な出合いによって、出合いを通じて人は感化を受けることで、脱構築できるとフロマートカは考えます。

バルトは、人が神について語るのではなく、神が人について語っていることに虚心坦懐に耳を傾けるという形で、人間に対する神の主権を強調しました。無神論については、東側の共産主義社会だけではなく、世俗文明の影響を強く受けている西側にもあり、普遍的な現象であるとみて無関心でした。

それに対してフロマートカは、無神論が生まれたのはキリスト教徒がやるべきことをやらなかったから、と考えました。キリスト教でいう悔い改め、神の栄光のために生きるということは、イエスが汝の隣人を自身と同じように愛しなさいと言ったように、隣人に奉仕をしていくという他者性です。他者のために自分は生きているから、人とのつながりが極めて重要となる。人間の宗教がイエス・キリストと触れたことによって、偶像崇拝が脱構築され、真実の宗教に変化していくという構成です。

バルトは、宗教という言葉には偶像崇拝が入り込む可能性があるとわかっていたので、啓示という言葉を使いました。しかし人間が宗教という形態を取らずに啓示を摑《つか》むことができるかどうかは、論理的には可能ですが現実的には不可能なので、人間は宗教という形態を通じてしか、啓示を捉えることはできません。だから自分自身が信仰を持っていると思っても、それを相対化していく視座が極めて重要になるのです。

「究極的なもの」と「究極以前のもの」

　これによって、人間の普段の関係における、人間の美しさと醜さにおける、信仰と不実における、言い換えれば、人間の宗教的性質と非宗教的な性質における、真の人間、肉と骨からなる人間への近づき方が新たに開かれる。真の神による地上の生への降臨は、真の人間を示す。福音のこの面を忘れないようにしよう。福音の信仰告白者が他の信仰告白者との交流を望むのは、ごく自然なこと、そう、避けられないことである。イエス・キリストは同じように信じ、同じように愛し、同じような希望を持つ者の統一体としての教会をつくり上げる。しかしこの共同体はそれ自身が目的ではない。イエス・キリストの真の教会は、内に閉じこもらない。真の言葉の意味での教会とは、すべての民を助けるための、神の手中の道具なのである。ありのままの人間が、神の聖なる愛と解放する業の対象なのである。ありのままの人間が、信者たちの関心、愛、奉仕の対象なのである。ナザレのイエス、イエスの地上での放浪、イエスのゲッセマネとゴルゴタへの道、最終的な勝利、これらに視線を向ければ、人間のあらゆる人間性が目にできる。このため、福音の信仰告白者は、あらゆる地上の課題、秩序、文化的成果、技術的達成、社会および政治体制を、いかに人間を助けるか、いかに人間の尊厳を保障するか、いかに人間を解放するか、いかに人間の力を高めるか、いかに人間を喜ばしく想像的な務めへ解放するか、という視点から考える。というのも私たちは、人間がひとりでは生きていけないこと、孤独な環境では、精神的にも肉体的にも死してしまうかもしれないことを知っている。人々が共同の務め、互いの奉仕、そして一定の目的に向けて集まらなければならないことを知っている。私たちは、共同の体制、国家、科学、芸術、あるいはまた他のあらゆる集団的行動の発生基盤について述べようというのではない。ただ人の共同体は、人間性の必然的、本質的な結果であり、いかに個人レベルでさまざまな社会形態や文化的財産が生まれようとも、人間性が真に発展するのは、人と人が協力する時だけであることを言いたいだけである。福音は、人間性の基本に必要なすべてのこと、つまり、共同体、奉仕、互いに助け合って生きることの究極の理由を明らかにする。教会はそれ自身が目的ではないように、いかなる人間の機関、いかなる社会的および国家機関、いかなる科学および学校もそれ自身が目的ではない。これらの価値と内面的な耐性は、今まさに述べた通り、人間の力、尊厳、平等、そして自由、これらの発展のためにいかに貢献するかにかかっている。このため福音は、世間、政治、経済、科学、そして教育の活動における人々の人間的感覚を鈍らせるようなことはしない。逆に人々の目を開かせ、これらの務めのために重要である感覚を磨かせる。また、すべての地上の出来事を、いかに人間、人間の心と体に役立つかという観点で絶えず測り続ける。

(『宗教改革から明日へ』367〜69ページ)

ドイツの神学者ディートリッヒ・ボンヘッファーが言った「究極的なもの」と

「究極以前のもの」という考え方と同じです。キリスト教徒にとって究極的に重要なことは、イエス・キリストを信ずることによって救われるということです。第二章で触れた、パウロが言った永遠に滅びないものである「信仰」と「希望」と「愛」、これが究極的なるものです。究極以前のものは、国家であるとか民族であるとか、学術であるとかいった事柄です。ただし人間は究極以前の事柄を通じて究極的なものに至っていくので、キリスト教徒は、究極以前のものを無意味とは考えません。イエスが人間になったという受肉の事実から、そのことが導かれるのです。

信じる者はどう行動するか

神によって選ばれた人は、自分の能力を他者のために使う生き方をしていきます。この神によって選ばれるかどうかについては様々な考え方があります。予定説は、救われる者が予定されているというだけで、救われない者については特に言及されていません。カルヴァンの二重予定説は、生まれる前から救われる者と救われない者が神によって定められているというものです。それに対して、万人救済説はすべての人が救われる可能性があるという考え方です。

自分は選ばれているから何もしないでいい、というような考え方をする人は、神に選ばれていないことの証明をするようなものです。選ばれている人間ならば、自分の力、能力は、神に与えられたものだから、神に返さないといけないと考えます。しかし直接神に返すことはできないから、隣人に対する愛の実践という形で、神の選びに対する自分の応えをするという構成です。

バルトは、神に選ばれた者とはイエス・キリストであると考えます。その選ばれたイエス・キリストが罪がないにも拘わらず十字架にかけられたという事実によって、人間は救済されることになったという構成を取るので、実質的には万人救済説に近い。しかし万人救済の可能性を認めることは、神の予定を排除することになるので、人間の行いだけになりかねないという危険性があります。

フロマートカはキリスト教徒が他者に奉仕することの意義についてこう述べます。

つまり福音は、他人に対する人間の責任を呼び覚まし、人間同士の障害を取り除き、彼らをその時代の社会での仕事場に導くということである。福音信仰告白者の信仰心は、強固で明確である。見解がぶれたり、不安、疑念、絶望の間を彷徨ったりすることはない。天と地、過去、現在、未来、そして人間の生のあらゆる領域を見つめる信仰告白者の見方は、イエス・キリストの明快な言葉と解放する業によって定められている。福音信仰告白者は、他の信仰告白者と親交を求める。求めるだけではない。現実には、その信仰は、他の信仰告白者との親交において生まれ、育まれ、成熟する。また彼らの関心は、教会内に留まらない。彼らが他の人々の見解に混乱させられることはない。人間を手助けするところにならどこにでも進んで赴き、働き、闘い、構築する。愛を持って、共産主義および共産主義者の活動にも近づく。なぜならつまるところ共産主義者の理論も実践も自身のためではなく、本質的に人間のため、正義と平等の拡大のため、さらに人間の尊厳と自由の深化と向上のためであることを知っているからである。福音は、いかなる条件下、いかなる環境下でも、内面的に自由に生きられること、キリスト教徒の自由は、社会や国家や政治の秩序や法に基づく自由とは別であることを、私たち皆に思い出させる。自由は私たちを解放し、不安を取り除き、聖霊の富で満たすために、聖なる愛に満ちて私たちを追いかけてくる者の恵みから、信仰告白者に贈られる。福音信仰告白者はこの自由において至上であるために、コンプレックスも、苦々しさもなく、不機嫌になることもなく、とりわけ何が起きようと不安も抱かずに、世界を歩む。けれどもこの高い領域から地上の生活にやってくる内面の自由は、人の尊厳と自由を保障するための人間の秩序と法を、無価値で無意味なものと言い放ったりはしない。政治的、社会的秩序によって保障された地上の自由には、相応の相対的な正当性がある、つまり自由は相対的で過渡的であるが、内面の自由に劣らず重要なのである。この世のすべては相対的で比較的で過渡的である。この世に絶対で究極で永遠に有効なものはなく、また福音がこれらの地上の相対性を無価値で無益と宣言すると彼らが主張するとしたら、誤った信仰であり飛躍である。地上の相対的な財産や秩序が危険になりうるのは、人間が人生の重心をすべてそこに移してしまう時、人生をそこに結びつける時、権力、栄光、または財産を求める気持ちから、人に奉仕してこそ価値を持つあらゆる手段を、自分のため、自分の利益のためにに手に入れることを人生の目的とする時のみである。

「たとい人が全世界を得ても、自分の命を損したら、なんの得になろうか。また、人はどんな代価を払って、その命を買いもどすことができようか」（マタイによる福音書16章26節）

（『宗教改革から明日へ』３６９～７０ページ）

フロマートカが引用した「マタイによる福音書」の箇所を、聖書教会共同訳で見てみましょう。

この時から、イエスは、ご自分が必ずエルサレムに行き、長老、祭司長、律法学者たちから多くの苦しみを受けて殺され、三日目に復活することになっている、と弟子たちに打ち明け始められた。すると、ペトロはイエスを脇へお連れして、いさめ始めた。「主よ、とんでもないことです。そんなことがあってはなりません。」イエスは振り向いてペトロに言われた。「サタン、引き下がれ。あなたは私の邪魔をする者だ。神のことを思わず、人のことを思っている。」それから、弟子たちに言われた。「私に付いて来たい者は、自分を捨て、自分の十字架を負って、私に従いなさい。自分の命を救おうと思う者は、それを失い、私のために命を失う者は、それを得る。たとえ人が全世界を手に入れても、自分の命を損なうなら、何の得があろうか。人はどんな代価を払って、その命を買い戻すことができようか。人の子は、父の栄光に輝いて天使たちと共に来るが、その時、それぞれの行いに応じて報いるのである。よく言っておく。ここに立っている人々の中には、人の子が御国と共に来るのを見るまでは、決して死なない者がいる。」

（「マタイによる福音書」16章21〜28節）

この箇所は教派的なバックグラウンドで読み方が違ってきます。正教会やカトリック教会は信仰と行為は別と考えますが、プロテスタント教会は信仰から行為が生じると考えます。信仰即行為なので、行為に応じて報いられるというのは、信仰に応じて報いられるということと同義です。

また、ここで言う「命」は、イエスと触れたことによる命なので、状況によっては生命を捨ててでも自分の命を守らないといけないこともあります。たとえばナチスに抵抗している告白教会の牧師が拷問を受け、仲間のことを吐いてしまうかもしれない可能性があるなら、自分の生命を絶つことによって守るということはあります。

資本主義の限界を超えるには

フロマートカはキリスト教徒のこの世界に対する責任を次のように考えます。

繰り返しになるが、これはキリスト教信者が、世界で人間のために行われている尽力の責任を投げ出すこと、世界の人間の務めと努力を無視すること、それらを軽視すること、それらを自分自身に閉じこもるための言い訳と捉えることを、決して正当化するものではない。このような福音の捉え方は、本質をゆがめることを意味する。最高のものでも、ゆがめれば、最低のものに転じることを私たちは知っているはずである。ここでも、勤勉で疲弊しきっている人々がキリスト教徒と教会に対して抱く不信を理解するために、現代人の脈に耳をすますことが、私たちの義務なのである。

私たちは、新しい方法によって、また社会に対する新しい反宗教的な見解に基づいて、新しい社会をつくろうとするいわゆる無神論も理解しなければならない。私たちは自分の信仰について誰にも謝るつもりはない。常に謙虚に、そして喜ばしい確信を持って、私たちは福音を信仰告白していくだろう。しかしまた、預言者と使徒の生きた神の言葉が年月を経て、死した定型、実のない教義文に変わり果て、キリスト教社会の伝統は一度となく、人間の真の人間性、人間の定めを抑圧してきたことを悔い改めながら認めるだろう。上流社会が誇らしげに聖堂や教会に通っていた一方で、ぼろをまとった大勢の民が飢えに苦しみ、死んでいったことを忘れてはならない。キリスト教諸民族は何世紀にもわたってアジアやアフリカの有色人種の血と汗の上に生きてきたことも指摘しよう。

（『宗教改革から明日へ』３７０〜７１ページ）

資本主義のシステムの下、大金を儲《もう》ける方法はひとつしかありません。それは他人の労働を搾取することです。マルクスの『資本論』の論理では、労働力が商品化されている社会では他人の労働を合法的に搾取することが金持ちになる方法です。

ＺＯＺＯの前澤友作氏がツイッターで１００万円を１００人にプレゼントすると言って話題になりましたが、他人の労働の搾取の産物が１億円になってばらまかれているわけで、称賛するような話ではないと私は考えます。

キリスト教と資本主義の関係は、根本的なことを言えば、「マタイによる福音書」にある「神と富」の話です。

「誰も、二人の主人に仕えることはできない。一方を憎んで他方を愛するか、一方に親しんで他方を疎んじるか、どちらかである。あなたがたは、神と富とに仕えることはできない。」

（「マタイによる福音書」６章24節）

「富」と訳されている語は、イエスが使ったと言われているアラム語では「マモン」です。一種の魔神であり、人間をコントロールするお金は全能で永遠の神のようなふりをしているが、神の反対です。人はマモンと神に同時に仕えることはできません。

キリスト教がなぜ富を警戒するのかというと、他者を搾取、収奪する構造が隠れているからです。それだから、イエスは「金持ちの男」(「マルコによる福音書」10章17～31節)という話の中で、「金持ちが神の国に入るよりも、らくだが針の穴を通るほうがまだ易しい」とも言っているのです。

この点について、フロマートカはこう指摘します。

しかしここでも問題なのは、社会の再編の新しい試みを促す力がほんとうに人間のためであるのか、より満たされ、より公正で、より自由な人間の生活を求める思いであるのか、ということである。その思想および作業メソッドをひっくるめた共産主義体制でさえ、それ自体が目的ではない。そして社会主義社会を生み出す革命でさえ、単に権力を求める闘いではない。私たちの周りで生まれ、つくられ、構築されるあらゆるもの、産業および農村における財政的生活の再編、政治的共存の新しい形、教育・医療・文化における新たな措置、これらはひとつの重大かつ本質的な使命を担っている。それは、人間の地上の義、自由、尊厳に役立つ、物質的および政治的生活の前提条件をつくることである。社会の発展、私生活や公共生活への暴力的な、権力による介入のような印象を与える多くの措置は、ある歴史環境の下、民族間の大きな緊張において、新たなカタストロフィによって大切な新しい萌芽が摘み取られないように、古いものを早く除去しなければならない時のみ、正当化される。ここで言われる弁証法的な形態の物質主義は、人の自由、正義、尊厳は、人間が人間を隷属させることがないという人間間の社会および経済関係を再構築しない限り確保されない、という確信において育つ。キリスト教信仰は、人間の物質的要求に対し、また苦しむ弱い人間のためのパンに対し、また経済的権利がなく、貧困と無力感という物質的な抑圧の下に暮らす人の尊厳と権利の確立に対し、理解を示す。
（『宗教改革から明日へ』372～73ページ）

いまの日本において、食べていくことができない絶対的な貧困は少ないですが、教育が十分に受けられない、旅行に行く余裕がないといった平均所得の半分以下の相対的貧困にいる人はかなり多い。特に女性で非正規雇用で離別もしくは死別によってシングルになった人は、構造的に貧困層に入れられてしまう。こういうことに、キリスト教徒を含めいまの社会は極めて鈍感です。

相対的貧困をどうすればよいか、それはキリスト教的な人道主義の対策だけでは無理で、この社会をつくる資本主義経済の仕組みを冷静に理解しなければいけません。しかし現在の主流派の経済学は、貨幣や商品は社会にとって自明のものであると考えるので、それができません。人が人を搾取しているという構造に埋め込まれたまま考えているから、対象として捉えることができないのです。来月1ヵ月生きていく労働のために必要な食料、住宅、衣料、医療、レジャー等、我々はお金を出して購入しているわけですが、このような生活を送るようになったのは資本主義が世界を制覇してからのごく最近のことです。

一昔前までは、日本の大学では、マルクス経済学と近代経済学の両方が教えられていましたが、いまは数学的モデルで構築する近代経済学が主流になりました。しかしフィクションの上で成り立つ経済政策、金融工学では資本システムを整理できないことが、年を追うごとに明らかになってきています。

神父や牧師も悪魔になり得る

フロマートカは神父や牧師であっても悪を免れることはできないと強調します。

私たち自身が福音に影響を受けて、変わるならば、私たちはすべての人（その人のことを気に入ろうと気に入るまいと、私たちに対して親切であれ不親切であれ、私たちがその人に対して賛成であれ反対であれ）へつながる道を見つけるだろう。しかしその道が見つかるのは、私たちが彼らの立場に立ち、彼らの罪および苦痛を引き受け、彼らに手を差し伸べ、自由な喜びの道へ彼らを導く時だけである。イエス・キリストは、すべての罪と世界の呪いを自身に引き受けるだけでなく、それらを受け止めて十字架の上で死ぬことで、世界に審判を下した。イエスの愛が私たちを審判するのは、それがほんもので、純粋で、無限で、何にも制限されることのない、無条件で、説明することのできない愛だからである。しかし、その審判が下されるのは、私たちから障壁、他人への不信、あらゆる憎しみを取り除き、私たちに赦しの言葉を身に付けさせるためである。真の悔い改めと赦しの雰囲気をつくり上げること、これこそキリスト教会の本質を構築する課題である。私たち自身はすべてのものに対して責任を負っている。他人に審判を下す前に、私たちは自身を審判にかけなければならない。この悔い改めの雰囲気と結びついているのが、赦しの強力な生きた音質（トーン）である。ナザレのイエスにおいてもたらされた神の赦しのことである。しかしまた人間の赦しのことでもある。神とともに、赦しを意識して生きるならば、どの人間とも赦しの関係の中で生きることができる。すべてに対して私は責任がある。赦しなくして生きることはできない。罪の赦しを信じる私は、赦しなしに人々に近づくことはできない。私たちが、私たちに罪をなす者を赦すように。そして悔い改めと赦しの雰囲気はまた、すでに述べた自由と喜びの雰囲気でもある。

（『宗教改革から明日へ』３７４〜７５ページ）

悔い改めはイエス・キリストの圧倒的な力、すなわちイエス・キリストを通じて我々に与えられる神の赦しによってのみ可能です。悔い改めがキリスト教的な良心なわけであり、裏返せば、キリスト教では、人間の力だけでは良心も生まれないし悔い改めもできないと考えます。

キリスト教は素のままの人間を肯定しません。人間には原罪があり、原罪から必ず悪が生まれるからです。しかも人間は生まれてから、どんどん罪を犯していく。神父であるとか牧師であるとか、学校の先生で人格者と思われているほど、そういった闇を抱えている場合があります。その闇は肥大化すると、人格化して悪魔になります。悪魔になる危険性を、人間はみんな持っているのです。

キリスト教会がこの活動を行わなかったら、誰にできるだろうか。福音の信仰告白者がやらずして、誰に人の内面的および公的な生の前提がつくり上げられるだろう。これは目に見えない、表現することのできない前提条件であり、しかしそれゆえに、あらゆるもの以上に真実であり、人の生の充実のために欠かせない前提条件なのである。どの社会にもこの前提条件は必要であり、私たちは、周囲の人、つまり工場や畑、学校や役所でともに働いている人々、教会の共同体の一員であろうがなかろうが関係なく、これらの人々にこのように奉仕しなければならない。もう一度言おう。悔い改めと赦し、自由と喜びにおける生活、これこそが私たちが胸に抱いて、教会および教会に属さない人々のもとへ行くための使命である。真の教会はどこにでも存在する。いかに可能性のなさそうなところでも、素朴でほんもので純粋な福音信仰告白者が悔い改める責任感を持って生き、周囲にその責任感を広めるならば。また赦しを受け入れ、周囲の人々と赦しの関係をもって生きるならば。また自己から解放され、内面的な自由において外面的な自由のための前提条件をつくるならば。また喜ばしい感謝の念に満たされて家族、地域、自分が所属するあらゆる共同体を喜びと喜ばしい希望で満たすならば。この作業によって教会は、正しいものと正しくないもの、よいものと悪いもの、赦されるものと赦されないもの、ほんものと偽物の間に見えない線を引く。この作業によって教会はいつでもどこでも人間に奉仕する。この作業によって、生まれつつある社会にも、それなしでは人間社会が貧しく弱いままであるものをもたらす。

しかしこのような教会が今日の世界に存在しているのだろうか、という基本的な大きな疑問は残されたままである。もっと具体的に言おう。私たちが属している教会共同体は、真の教会であるだろうか。教会の本質とは何なのかを知っているか、私たちが教会によって支えられているかをまず先に自問しなければ、教会と世界の問題を真に深く理解することはできない。

（『宗教改革から明日へ』３７５〜７６ページ）

現実に存在している目に見える教会は、第二章で触れた「毒麦のたとえ」のように、真実のキリスト教徒と偽りのキリスト教徒が混在する共同体です。だからこの世の中には、理想的な共同体はひとつもありません。フスが毒麦のたとえを重視したのは、毒麦の中に正しいキリスト教徒はいるから、目に見える教会ではなく、目に見えない教会を重視すると考えたからですが、フロマートカの考えは、それとは違います。教会は究極以前のもので、それが、イエス・キリストを通じて、究極的な信仰、希望、愛につながっていくという考え方です。

同胞が誤った道を進むときは

フロマートカは誤った道を歩んでいる隣人に対する働きかけを重視します。

教会が聖書の預言の生きた源から成立しているところ、イエス・キリストの存在によって裏付けられているところでは、教会と世界の問題は、正しい形を築く。教会は、世界全体、また疎遠に思える人々に対しても、聖なる慈悲深き神が私たちの間にいること、すべてを与えてくれること、両手を広げて私たちの前に立っていること、神のそばでは何も恐れることはないことについての喜ばしい、解放する知らせを伝える義務を負っている。教会は、人の子が人間の呪いを身の上に引き受けるため、人間の呪いは解かれること、私たちの罪によって私たちの間に築き上げられたすべてを神が取り除くこと、人間がこの世のために価値のある定めを持っていることを罪深い人間に伝える使命を持つ。教会が私たちの世界に置かれたのは、気質や歴史によって彼らの間に築かれた、あらゆる境界を撤廃する共同体を人々の間に実現するためである。また繰り返しになるが、教会が担っているのは世界を裁く権利ではなく、すでに話したような雰囲気を世界のためにつくり上げる役目である。つまり、悔い改める愛、赦し、自己に打ち勝って奉仕する雰囲気である。自分に与えられたことを果たさずに、どうして他人のことを判断できるだろうか。真の光の知識を持たずに、どうして世界が何であるかを認識できるだろうか。世界に対する審判が意味を持つのは、自分自身に審判を引き受ける時のみ、つまり周囲の人々の悪、罪の責任を連帯感を持って引き受ける時のみである。

(『宗教改革から明日へ』376〜77ページ)

悪を犯している仲間がいるときには、自分だけが高みに立って断罪するのではなくて、この悪の構造の中に私もいる、という形で受け止めなければいけません。だからフロマートカは、同胞が戦争の道を進もうとするときに、兵役拒否といった道は取らない。「ネイション」の定義をしたエルネスト・ルナンが『国民とは何か』で言っているように、同胞が誤った道を選択するときには同胞と共にその道を選択して、少しでも過ちを是正していくことを図るアプローチを取り、共に罪の構造を引き受けていくという倫理観を奨励しているのです。

私たちの奉仕が効果的になるのは、自分のメッセージを、信者、非信者、いかなる思想の持ち主であれ、すべての見解の人々に示す時である。キリスト教会の信者は、いかなる潮流、いわゆるイデオロギーにも完全に組み込まれることはない。信者が信じる神は、上から信者に語りかけ、隣人および遠方の人にさらに渡すように、と信者に賜物《たまもの》を授ける。世界に対する自分の関係について語る時に、唯一の本質的な問題は、私たちが使命を従順に喜んで果たしているかどうか、ということである。それ以外のことはすべて二の次である。私たちの批判が正しいだけでなく効果を持つようになるのは、最も重要な使命を私たちが果たした時のみである。

フスからコメンスキーまでの宗教改革の遺産には、イエス・キリストの主権的支配を大きく強調する音が絶えず響きわたる。このことについてはすでに冒頭で述べた。イエスについては、本書のさまざまな論文でさまざまな形で指摘されている。私たちの父たち、祖先は、福音が罪と悪からの解放と赦しについてだけでなく、地上の生全体におけるキリストの変容させる力についての預言であることを伝えようとした。イエス・キリストは私たちの上に君臨し、私たちに従順と責任を呼びかけ、私たちにとって内面的、外的生活における究極かつ最高の権威である。私たちはイエスから恵みを与えられるが、さらにイエスの後を追いかける。私たちがイエスの足跡を見つめ、イエスに忠実であるならば、私たちもイエスの王の威厳の反射光を受ける。コメンスキーは私たちに、キリストの王の杖を忘れるな、キリストに従順さ、名誉と称賛の奉仕とを捧げるように、と忠告する。イエスは、私たちの理性と私たちの体、また私たちの内面と心を要求する権利を持つ。イエスは、私たちがいかなる場所、いかなる職場に立とうとも、私たちが聖堂に集まろうとも、機械の脇に立とうとも、列車で移動しようとも、友達と輪になっておしゃべりに興じようとも、私たちを要求する権利を持つ。イエスは私たちの公的生活における決定に対しても要求する権利を持つ。すでに述べた言葉を思い出そう。私たちの決断において大切なのは、何が私たちの個人的な、地位や階級の関心であるのか、何が私たちに都合がよく都合が悪いのか、何が私たちの気に入るのか気に入らないのか、ではなく、私たちはこの世界の住民として、十字架の上に私たちの呪いを背負い、しかし私たちの義認のために死から身を起こした者に従順であるかどうか、である。これこそ私たちの宗教改革の輝かしい遺産である。輝かしいのはまた、これが今日まで生きた効果を持ち、今日の問題や環境に改めて適用させることを、その内面的な力で強いるからである。ひとりひとりが各作業の際、各決断の際に、キリストの権威が私たちにとって何であるのか、その時点で私たちに何を要求するのかを自問するならば、非常に私たちの助けになる。これは難しい問題だが、信仰心の強さと純粋さは、最もありふれた、一見最も物質的で最も実際的な問題の中で証明される。私たちは、現実の観察、現在の環境の研究、公的問題の自分の知識（社会、政治、あるいはまた文化でも）を、（繰り返しになるが）生と死の支配者であるイエス・キリストに従順になることによって、常に変革し、鋭くしていかなければならない。

しかし先へ進もう。イエス・キリストの支配権力と権威に従順になることは、地上の秩序の硬直さ、不動状態から私たちを解放する。王であるキリストは、言葉以上、教義やスローガン以上のものである。十字架に架けられた羊としての王であるキリストは、傷ついた葦を折らず、くすぶる灯心を消さない。人間のいかなる理性をも超える平安を与える。その存在は血の流れる傷につける薬であり軟膏である。罪によって折れ、罪悪のために重荷を背負った心を慰める。「しかし、霊があなたがたに服従することを喜ぶな。むしろ、あなたがたの名が天にしるされていることを喜びなさい」（ルカによる福音書10章20節）

そしてその同じキリストが、へびやさそりを踏みつけ、敵のあらゆる力に打ち勝つ権威を授けた（ルカによる福音書10章19節）。これは言葉通りに受け止めよう。

（『宗教改革から明日へ』３７７〜７９ページ）

フロマートカが引用している「ルカによる福音書」の箇所を、聖書教会共同訳で見てみましょう。

七十二人は喜んで帰って来て、言った。「主よ、お名前を使うと、悪霊《あくれい》どもでさえ、私たちに服従します。」イエスは言われた。「私は、サタンが稲妻のように天から落ちるのを見ていた。蛇やさそりを踏みつけ、敵のあらゆる力に打ち勝つ権威を、私はあなたがたに授けた。だから、あなたがたに害を加えるものは何一つない。しかし、悪霊どもがあなたがたに服従するからといって、喜んではならない。むしろ、あなたがたの名が天に書き記されていることを喜びなさい。」

（「ルカによる福音書」10章17〜20節）

力によって悪を抑えようとする、その構造自体に悪があり、自分にも伝染してきてしまう。悪によって悪を制するという力学で、この世界は動いていますが、自分が悪に囚われてしまうという危険がある。あくまでも天を見なければいけないことを述べています。

ルター派の危うさ

ナザレのイエスはこの世を疾風《しっぷう》の如《ごと》く行く。古く腐ったものを吹き払い、教会のものであれ、世俗のものであれ、いかなる秩序にも固執させない。今日でも私たちはイエス・キリストの力を精神の領域だけにとどめようとする神学者たちと出会う。彼らはイエスの王国を、この世界の王国と区別する。神の意志によりつくられた秩序で、キリストの王国の力が届かない秩序があると主張する。彼らは、福音の力をこの世界に持ち込んで、地上の秩序を揺るがそうとするいかなる試みをも否定する。精神の領域ではキリスト教徒を解放するが、神の創造的な意志により決定される強固な秩序に従わせる。世界とその秩序の上をいくキリストの力を信じる信仰、またイエス・キリストの力は地上の機関、政治・社会構造を揺るがすことができるという信仰は、彼らにとっては許されない「熱狂」である。ドイツの神学者たちはこれを「Schwärmerei《シユヴーールメレイ》」と呼んでいる。福音がこの世の活動の法律やプログラムに変えられることを恐れるこれらの神学者たちの不安は理解できる。福音は法律以上のものであり、社会および政治の秩序で直接表現することはできない。

（『宗教改革から明日へ』379〜80ページ）

キリスト教徒が現実の政治プログラムに関与することを熱狂主義として批判する

のは、典型的なルター派の立場です。ルター派は二王国説に基づいてナチスを支持し、1953年の東ベルリン騒擾《そうじょう》では新二王国説に基づいて東ドイツの共産党体制を支持しました。フロマートカはこういうアプローチを批判します。

しかしこれは、十字架に架けられ、呪い、死、罪に勝利した者が、死から立ち上がった、私たちの人生、社会、歴史より上の至高の主ではないということではない。誰にキリストの権威と支配を制限することが許されるだろうか。誰にキリストの力が及ぶ範囲を規定できるだろうか。いかなる権利によって私たちはキリストの手から笏《しゃく》を奪えるだろう。福音は、キリストの恵みについての預言であるが、またキリストの至高の力についてのメッセージであり、またあるいは言われるところの、世界に対するキリストの王権についてのメッセージである。これは私たちにとって死した教義ではない。これは、悔い改めて従順になり、慈悲深い愛情を持って、人間を良心においても普段の仕事においても解放せよという、私たちへの呼びかけであり命令である。福音は革命的なプログラムを練っているのではない、というのはほんとうである。信仰するキリスト教徒は、世界で起きているあらゆることに対して常に自由な関係を維持しているというのはほんとうである。しかし真の信仰は、世界を揺るがす出来事の中に、暗い、隠れた神の手しか見出さないのではない。人間は、預言者の預言と使徒の証言によって、混乱やカタストロフィの裏、さらにまた仕事や再構築への新たな決意の裏に、死から蘇った者の存在を見る勇気を与えられる。この光の中で、この讃美歌作者の言葉「地よ、主のみ前におののけ、ヤコブの神のみ前におののけ。主は岩を池に変わらせ、石を泉に変わらせられた」(詩篇114章7－8節)を理解しなければならない。ヤコブの神の臨在は、イエス・キリストの神の臨在である。そう、イエス・キリスト本人の臨在なのである。この確信によって、キリスト教会は、嵐のさなかにあってもイエス・キリストの手の中、導きの中にあるという意識を持つことができる。それだけでなくさらに、教会信者は、古い秩序の残骸の上でも、新たな道、新たな構造物の計画中でも、主の王国の外の異郷に追い出されることはないと確信できる。過去から解放され、キリストが臨在する確信によって、不安なく務めに励むことができる。最も難しい場所、一見イエス・キリストから最も遠ざかり、教会の中心から最も離れているように見える場所でも、福音の従順な信仰告白者であろうとする。

（『宗教改革から明日へ』380～81ページ）

一見、神が不在のように見える状況においてこそ、逆説的に神の力が働きます。たとえば遠藤周作の『沈黙』では、神が沈黙している中、ロドリゴが踏み絵を踏むという形で愛の実践に踏み出します。そこにイエス・キリストは臨在しているのです。遠藤周作は、踏み絵の中のイエスがロドリゴの足に伝わってくるという、身体性におよぶ形で見事に表現しています。

他者がいない実存主義

ところでフロマートカは、信仰を自己の内面に還元する実存主義に批判的です。

そしてここでは、実際に死から蘇り、絶えず新しい心、さらに新しい秩序をもつくり出す権威、導き、および権力の下で、新しいことが起きているのである。この意識は、信仰告白者および教会全体に、社会的な震撼と折り合いをつけるだけでなく、新しい秩序に福音の富、責任感の純粋さ、人々への自己犠牲的な愛をもたらす手段を見つける力と勇気を与える。これは狂信（Schwärmerei）などではなく、イエス・キリストにおける自由と喜びであり、服従と力強い希望なのである。

私のこれまでの意見をいくつかの点にまとめてみよう。私たちは今日を理解し、明日への道を目にするために、昨日を振り返ってきた。すべては読者を助けるための試みであった。どの兄弟もどの姉妹も、自分の責任感の問題について、よく考えることが義務である。自分の問題、公的な問題とどう折り合いをつけるか、ということについては、誰にも処方箋を与えることはできない。私たちはひとりひとり、隣人や兄弟の場所とは別の、自分の場所を持っている。

（『宗教改革から明日へ』381〜82ページ）

ひとりひとりが自分の場所で、あなた自身の十字架を背負う——読者の皆さんひとりひとりは置かれている状況が違えば抱えている問題も違いますが、個別バラバラで誰にも頼れないということと同義ではありません。

ここが、実存主義とキリスト教の決定的に違う点です。問題の原因を社会構造ではなく、自分の内面、実存に掘り下げて考えていくところは近いところがありますが、実存主義のように孤立した単独主義的な発想は、キリスト教にありません。キルケゴールは個人的に神を信じ、イエス・キリストに従うという生き方をしましたが、問うている孤立した形での信仰は果たしてキリスト教なのでしょうか。そこには、他者がいません。

自我の確立と孤独にどう向き合うか

私たちは他者との連帯を得るために、ひとりで聖書に向かう必要があるとフロマートカは強調します。

私たちはひとりひとり真剣に聖書の預言を聞き、預言と折り合いをつけなければならない。しかし同時に、私たちは互いに助け合うことができるし、そうすべきである。道中、生ける神の言葉に足を止められたとき、私たちは個人的に自分に何が起きたのか、証言することができる。私たちは互いに開放的で真摯《しんし》でなければならない。私たちが述べたことを、私たちに続いて繰り返すことが誰にもできなくても、彼らに助言をして自分が導かれた道を示してやることはできる。主が教会を築くのは、私たちがお互いの荷を背負い、自分が経験した危険や衝突を兄弟、隣人、最も身近な者たちに降りかからないように、注意してあげるためである。繰り返しになるが、大切なのは、私たちの対話と交流の空気を浄化し、疑念と不信のあらゆる蒸気を取り除き、互いに相手のことを真剣に思いやることである。ある意味、私のすべての説明の意義は、これまでの年月における私たちの決断、言葉、行為の裏にあるものを、内外の兄弟に示すことである。今日では、教会を汚し、個人的な交流を妨げ、互いに対して抱いている邪推、想像、疑念の茂みの中をかきわけ進むのは非常に難しい。それでも互いに近づくために、あらゆることをしなければならない。誰もが不信と無理解の空気の責任を感じなければならない。他人に善意がないと嘆いて、自分の被った傷ばかりを見せるのは、卑怯と言えよう。私たちの間にかかる霧を晴らし、私たちの環境に生えている雑草を刈り取るために、自分の側からあらゆることをするよう肝に銘じるべきである。

（『宗教改革から明日へ』３８２〜８３ページ）

近代以前は自我というものはなくて、共同体の中に個が埋没していました。「忠臣蔵」のように、武士という身分、赤穂《あこう》藩の一員であるという集団的な意識に埋没しているので、自分自身が何かをするという決断ではなかったわけです。しかし近代になり、自我が芽生えてくると、共同体よりも個を優先することが起きてきます。実際には、人間は孤立しては生きていけないので家庭、学校、職場、趣味のサークル、教会といった複数の共同体に所属しており、それぞれの共同体の中で自分はどういう人格なのか、アイデンティティを考えざるを得ない状況になってきたわけです。

こうした中で他者による評価を基準にし、自分に拠り所がない、言い換えるならば自尊心が低い人も増えてきました。幻の偽りの自信の中で生きるより、ありのままの現実を見つめることが重要です。他者の評価を気にして、その業種への適性がないのに有名企業に行ったり、弁護士や医者といった高度専門職についたりしてもうまくいきません。偽りの自信や幻を脱構築することが必要ですが、それは簡単なことではありません。何か、自分の手の届く範囲を超えた価値、理想といったものを持つようになると、自分を相対化できるようになります。もちろん、それはキリスト教でなくても構いません。

この世の中には、生きている意味のない人はひとりもいません。神は意味があって人間ひとりひとりをつくっていて、それぞれの人に使命があり、その使命は適性という形で現れます。その適性は、自分の力ではなく、必ず外からやってくるもので気づかされます。

文化人類学で言う「トリックスター」は、常識に照らして言えば困った人であるわけですが、他の人は気づかないものを気づくことができるので、共同体の同質化現象を防ぐことができます。破れが生じることによって、危機対応が可能になります。だから、外部から聞こえてくる声でもあるわけです。キルケゴールは、外部からの神の声ではなくて、自分の内面の声を聞いていきますが、それは人間の心理に吸収されてしまう危険性があります。心理作用によって神が説明されてしまうと、一種の観念論になってしまいます。

自分とは違う他者の存在も、外部と言うことができます。自分と他者の関係性の中に神がいます。イエス・キリストがこの世において為したように、愛のリアリティをもって他者に開かれた人間になることが重要ですが、その力は原罪のある人間には内在していません。人間を超えた、外部から来る力なのです。ボヘミアの宗教改革の中心にあった事柄を、フロマートカは現代に甦らせようとしたのです。

あとがき

新型コロナウイルスによる感染症で、世界は大きく変化しようとしている。もっともその変化の程度に関しては、異なる見方がある。パラダイム転換につながりうる大変動が起きると考えているのが、イスラエルの歴史学者ユヴァル・ノア・ハラリ氏だ。

私たちは速やかに断固たる行動をとらなくてはならない。選択を下す際には、目の前の脅威をどう乗り越えるかだけでなく、この嵐が去ればどんな世界に住むことになるかも自問すべきだ。新型コロナの嵐はやがて去り、人類は存続し、私たちの大部分もなお生きているだろう。だが、私たちはこれまでとは違う世界に暮らすことになる。

今回とった多くの短期的な緊急措置は、嵐が去った後も消えることはないだろう。緊急事態とはそういうものだ。緊急時には歴史的な決断でもあっという間に決まる。平時には何年もかけて検討するような決断がほんの数時間で下される。

何もしないリスクの方が高いため、未熟で危険さえ伴う技術の利用を迫られる。多くの国で、国全体が大規模な社会実験のモルモットになるということだ。全ての人が在宅で勤務し、互いに離れた距離からしかコミュニケーションをとらないようになるとどうなるのか。学校や大学が全てをオンライン化したらどうなるのか。いかなる政府も企業も教育委員会も、平時にこうした実験には決して同意しないだろう。だが、今は平時ではない。

（2020年3月30日「日本経済新聞」電子版）


これに対して、今回のコロナ禍によっても世界の構造は基本的に変化をしないという見方もある。フランスの人口学者エマニュエル・トッド氏はこんな主張をしている。

——戦争という言葉との兼ね合いで言えば、フランスでは2015年に新聞社「シャルリー・エブド」が過激派に襲撃され、その後もパリなどでテロが相次ぎました。あのときも「戦争」という言葉が繰り返し使われました。

「私は人口学者ですから、まず数字で考えます。戦争やテロと今回の感染症を比較してみましょう。テロは、死者の数自体が問題ではありません。社会の根底的な価値を揺さぶることで衝撃を与えます。一方戦争は、死者数の多さ以上に、多くの若者が犠牲になることで社会の人口構成を変える。中長期的に大きな社会変動を引き起こします。今回のコロナはどちらでもありません」(中略)

——今回はグローバルなレベルで人、モノ、カネの流れが止まっているのが特徴です。

「人々の移動を止めざるを得なくなったことで、世界経済はまひした。このことは新自由主義的なグローバル化への反発も高めるでしょう。ただこうした反発でさえも、私たちは『すでに知っていた』のです。2016年の米大統領選でトランプ氏が勝ち、英国は欧州連合（EU）からの離脱を国民投票で選びました。新型コロナウイルスのパンデミックは歴史の流れを変えるのではない。すでに起きていたことを加速させ、その亀裂を露見させると考えるべきです。あなたの挙げた歴史的な疫病との比較をナンセンスと思うのはそのためです」

（2020年5月20日「朝日新聞デジタル」）

トッド氏は、グローバリゼーションに歯止めがかかり、すでに起きていた国家機能の強化という傾向が強まるに過ぎないと考える。

ハラリ氏とトッド氏は、コロナ禍の歴史的意義については異なった見方を示す。

しかし、社会構造に与える影響については、行政権が強化され、格差が拡大するという点で一致している。私の見方はどちらかというとトッド氏に近い。コロナ禍が予測可能な危険を意味するリスク（risk）の閾値を超えていることは間違いない。しかし、人類が滅亡に瀕するような、生死に関わるクライシス（crisis）ではない。コロナ禍後も、人類も日本人も生き残る。ただし、リスク以上、クライシス以下の状況が、今後もかなり長期間続く。

日本の文脈で重要なのは、新型コロナウイルス対策を進める過程で、翼賛の思想が甦っていることだ。コロナウイルスによる感染拡大を防ぐためには、人々が移動を差し控えることが効果的であるというのが公衆衛生専門家の共通見解だ。4月7日に日本政府は、新型コロナウイルス対策のために緊急事態宣言を発表した。イタリア、フランス、ロシアなどは、感染拡大を防ぐために移動の規制を法律や条例で定めた。これに対して日本では国も都道府県も法律や条例によって行動を規制することを避けた。確かに憲法第22条では、「何人も、公共の福祉に反しない限り、居住、移転及び職業選択の自由を有する」と定められている。何人ということは、日本国民だけでなく、外国人、無国籍者も含まれるということだ。移動（移転）の自由はあらゆる人が本来的に持つ基本的人権のひとつだ。それを制限する唯一の例外が公共の福祉に関連する場合だ。新型コロナウイルスに感染した疑いのある人を一定期間隔離する、特定の国からの入国を規制するなどは公共の福祉によって正当化される。法律や条例によって、新型コロナウイルス対策として、人の移動を規制することも理論的には可能なはずだ。しかし、国も都道府県もそれをしなかった。その理由はふたつある。第一は、そのような法律や条例が憲法違反であるという訴訟を起こされた場合、裁判所によって違憲という判断がなされる可能性があるからだ。裁判所で合憲になる見通しが高いとしても訴訟が起こされれば、それに対応するエネルギーが厖大になる。行政官はこの種の仕事を嫌う。第二は法律や条例が存在しなくても、国や都道府県が自粛を呼びかければ、法律や条例に相当する効果がこの国では期待できるからだ。行政府が国民の同調圧力を利用するのだ。これは、翼賛の思想だ。翼賛の本来の意味は、〈力を添えて助けること。天子の政治を補佐すること〉（『デジタル大辞泉』小学館）だ。翼賛は強制ではないという建前だ。人々が自発的に天子（皇帝や天皇）を支持し、行動することが期待される。期待に応えない者は「非国民」として社会から排除される。新型コロナウイルス対策の過程で、無意識のうちに翼賛という手法が強まっている。確かに行政府による自粛要請は必要だ。しかし、その過程で無意識のうちに行政府が司法と立法府に対して優位になる可能性がある。それは国家による国民の監視と統制の強化に直結する。5月25日に緊急事態宣言は解除された。しかし、行政権の優位、「自粛警察」に見られるような翼賛の傾向は今後も続く。この種の危険を過小評価してはならない。こういう現実に気付くためにも、本書で展開されている神学的思考が必要になる。それによって目には見えないけれども確実に存在する事柄を察知することができるようになる。

現下日本が直面する危機を克服するために本書を活用して欲しい。本書で扱った15世紀は、ヨーロッパが全般的危機に陥っていた時代だ。そして、社会構造が中世から近代に変化していく。本書で私はチェコのプロテスタント神学者ヨゼフ・ルクル・フロマートカ（1889－1969）の神学を基礎にフス派の宗教改革を読み解いた。その方法は、信仰即行為というアプローチにある。

この世で起きていることすべてを信仰心でしっかりと見れば、今日の困難と憂慮の責任を、他の誰にでもなく自分に課す気になるだろう。私たち自身も今日の歴史の一部なのである。キリスト教民族と私たちは、私たちが気に入らないと思うもの、時に反発を覚えるものにも責任の大きな割合を占めているのである。私たちにできる唯一のことは、私たちの罪がどこにあるのか、私たちの信仰が純粋であるのかどうか、神への服従が本物であるのかどうか、私たちの奉仕愛が十分に燃えているかどうか、私たちの希望が十分に喜ばしいものであるのかどうか、を絶えず真剣に自問することである。私たちはこの世の何をも美化するつもりはない。預言者は、不正や非人道的なこと、利己主義や強欲さとぶつかった時に声を上げるのは私たちの義務であると教えている。しかし繰り返しになるが、この奉仕も可能なのは、預言者の言葉が私たちの良心をかき乱し、同時にまさに私たちが義務づけられている真の手助けを、私たちが行う時だけである。イエス・キリストは「然り」であり、決して「否」ではない。聖霊における生命は喜びであり、決して嘆きではない。従って今日、混乱と深淵を目の当たりにしているからと言って、平穏の王、罪人の解放者、全世界の主であるイエス・キリストの支配下にある世界に生きているという私たちの喜ばしい確信が揺らいではならない。

（『宗教改革から明日へ』３２１頁）

コロナ禍に直面して、我々が日々犯している罪を認識することが重要だ。罪が形をとると悪になる。フロマートカは、混乱し、どん底（最も深い深淵）のような状況に置かれている人間のところまで、神はイエス・キリストを遣わしてくると確信した。我々ひとりひとりが罪を認め、悔い改め、いま自分が置かれている場所で行動することが求められている。

本書は、２０１８年5月から19年2月まで東京で行われた同志社講座「宗教改革とは何か？」の記録に大幅な加除修正を加えることによってできました。編集の労をとってくださった平凡社の吉田真美氏に謝意を表明します。

2020年6月5日、曙橋(東京都新宿区)の自宅にて

佐藤優

【著者】
佐藤優（さとう まさる）
1960年生まれ。同志社大学大学院神学研究科修了後、外務省入省。主任分析官として対ロシア外交の最前線で活躍。2002年背任と偽計業務妨害容疑で逮捕、09年最高裁で執行猶予付有罪が確定し失職。14年執行猶予期間を満了。著書に『国家の罠』『自壊する帝国』『同志社大学神学部』『神学の思考』『神学の技法』、訳書にフロマートカ『なぜ私は生きているか』、監訳書にフロマートカ『人間への途上にある福音』『宗教改革から明日へ』など。

平凡社新書９４７

ヤン・フスの宗教改革
中世の終わりと近代の始まり

発行日――2020年７月15日　初版第１刷

著者――佐藤優
発行者――下中美都
発行所――株式会社平凡社
東京都千代田区神田神保町3-29　〒101-0051
電話　東京（03）3230-6580［編集］
　　　東京（03）3230-6573［営業］
振替　00180-0-29639
印刷・製本―図書印刷株式会社
装幀――菊地信義

ISBN978-4-582-85947-8
NDC 分類番号198.38　新書判（17.2cm）　総ページ192
平凡社ホームページ　https://www.heibonsha.co.jp/